課堂之外，翹課背後！

打破孩子拒學的沉默

CHILD AND
ADOLESCENT PSYCHOLOGY

80 個深度剖析案例 × 36 種心理引導技巧，
幫助孩子重返學習軌道

韋志中，周治瓊 著

不當教育方式、過度保護、校園霸凌、
自尊受創、缺乏同儕認同、對未來迷茫……

透過真實案例剖析其背後的心理困境
幫助家長和教育者「真正」理解孩子的心聲

目 錄

前言		007
Story 01	拒學，都是手機的錯？	009
Story 02	從雲端掉到泥裡，如何不拒學？	015
Story 03	得不到認同，我為何還要上學？	022
Story 04	乖孩子就不會拒學嗎？	029
Story 05	過度保護與拒學有關嗎？	037
Story 06	孩子不上學，罵醒他？	044
Story 07	孩子不想上學，尊重他？	050
Story 08	孩子拒學，都是父母的錯？	056
Story 09	孩子不上學，用激將法？	062
Story 10	孩子拒學，為何不向父母求助？	069

目錄

Story 11　孩子真的接受他必須上學嗎？　　　　　　　　076

Story 12　幻想的世界已足夠好，為何還要上學？　　　085

Story 13　將壓力轉化為動力？　　　　　　　　　　　092

Story 14　愧疚教育與拒學有關嗎？　　　　　　　　　099

Story 15　老師會影響孩子上學嗎？　　　　　　　　　106

Story 16　離不開媽媽，如何能上學？　　　　　　　　112

Story 17　媽媽，我不想上學，可以嗎？　　　　　　　118

Story 18　沒有朋友，讓我如何上學？　　　　　　　　124

Story 19　你們都不知道我上學有多辛苦！　　　　　　130

Story 20　你們是喜歡我的好成績，還是喜歡我？　　　138

Story 21　期待與拒學有關係嗎？　　　　　　　　　　144

Story 22　上學，到底是為誰？　　　　　　　　　　　152

Story 23　上學的意義是什麼？　　　　　　　　　　　159

Story 24	上學，會傷自尊嗎？	166
Story 25	生病了，我就可以不上學	172
Story 26	我不能就在家裡學習嗎？	178
Story 27	我不想再為父母上學	184
Story 28	我的腦子想上學，我的肚子不想上學	190
Story 29	一輩子待在家裡不行嗎？	196
Story 30	我有過動症，我不想上學	202
Story 31	無法超越的父母，上不了的學	208
Story 32	校園霸凌與拒學有關嗎？	214
Story 33	拒學，是全家人的逃避嗎？	221
Story 34	拒學，是因為不努力嗎？	228
Story 35	拒學的孩子，是真的不想上學嗎？	234
Story 36	只對學習有要求，最易拒學	239

目錄

前言

某一天，當我整理自己的案例紀錄時，我突然發現，拒學的問題竟然在我所接的案例裡占了絕大多數。我忽然意識到拒學問題之普遍，之嚴重，已經超出了我的想像。

每個拒學孩子背後都是一個焦慮無助，瀕臨崩潰的家庭，這是一項任重而道遠的工作。

多年接觸拒學孩子和父母的過程中，我見過無數父母焦慮、無助的目光，帶著熱切的期盼，等待著孩子恢復上學的時刻。記得一個爸爸曾跟我說：「我在我父親去世的時候，都沒有感到像孩子拒學時的這種無助，好多時候都害怕自己堅持不下去了。」而「我的孩子什麼時候能正常上學？」這樣的問題我更是回答了無數遍。孩子不上學，上不了學，就像家庭的一枚「重磅炸彈」，打破家庭全部的生活秩序，讓整個家庭都被籠罩在壓抑、無助的氣氛中，舉步維艱。

因為對拒學原因的不了解，家長容易簡單地歸結為孩子懶、逃避、手機上癮，很多孩子在學校遭遇挫折之後，回家不但無法得到支持和鼓勵，反而遭到更多的打罵和指責，因此變得孤立無援。很多父母堅信「手機是罪魁禍首」，對孩子的手機「嚴防死守」，既破壞了彼此的關係，又沒有達到解決問題的目的。

也有很多家長誤以為「拒學」就是不想上學而已，只要回到學校，可以不要求孩子成績，不給孩子壓力，如此便萬事大吉。有孩子無奈地跟我說：「家長總以為我們上學了就什麼問題都解決了，其實根本不是這樣。我心裡真正的苦惱他們根本不知道。」

前言

拒學的原因究竟有哪些，了解拒學的孩子真實的內心想法，揭示處理拒學問題中的失誤，分享拒學問題處理經驗，提供有效的拒學問題處理方法，變得緊迫而有意義。這便是我寫這本書的初衷。

全書共分三十六章，取「三十六計」之意，這個三十六是個虛數，實際上是「六六」的意思，是代表多的數字含義。希望透過這些探討，能夠讓讀者對於拒學有更深的理解，並且提供拒學問題解決的方向和途徑。

在此，仍然要感謝所有為我提供故事，分享他們心路歷程的孩子和家長，陪伴他們走出拒學泥淖，對我而言彌足珍貴。

文中涉及的所有人物和故事，都依據專業倫理做了處理，誠望讀者不要對號入座。

本書對拒學問題的探討更多的是拋磚引玉，如有不當之處，請同行和讀者批評指正。

Story 01
拒學，都是手機的錯？

在拒學的若干原因中，手機一定是排在第一位的，幾乎到了「罄竹難書」的程度，任何一個拒學孩子的家長，提起手機都是恨得牙癢癢。要是能透過投票讓手機消失在孩子的生活中，大部分家長會爭先恐後去表達自己的贊同與體會。

手機，在孩子的教育過程中，一直是「背鍋俠」。「孩子成績下降都是因為玩手機。」人際關係差，「還不是因為天天玩手機，都不出去交朋友」。情緒低落，心情不好，「天天抱著手機，也不出去運動，去呼吸新鮮空氣，不憂鬱才怪」。說髒話，「都是在手機上看那些亂七八糟的，該學的不學」……

如果所有這一切的問題，家長們都尚且能夠忍受，當手機遇上拒學，就必定會爆發一場大戰。

有個孩子升上國中，需要住校，因為沒有完全適應住宿生活，打掃環境不符合要求，導致宿舍被扣分，但他堅持認為是室友栽贓自己，跟室友的關係由此鬧僵。他所在的學校是當地最好的國中，父母從小到大對他的成績期望都非常高，隨著學習壓力逐漸增大，他學習也越來越力不從心，到國一下半學期，他的成績已經下降至中下游。他也曾經有過一段時間發奮努力，每天只睡三四個小時拚命學習，但是成效不彰。他根本記不住東西，背過的內容轉頭就會忘記，上課也漸漸難以集中注意

Story 01　拒學，都是手機的錯？

力。一段時間之後，他為自己蓋上「能力不足」的印章，對學習徹底喪失信心。同時受打擊的還有人際關係，他用「很假」來形容同學。我問他：「怎麼個假法呢？」他撇撇嘴，失落地說：「我成績好的時候他們都跟我一起玩，成績下降了他們都疏遠排斥我。」在他眼中，同班同學竟然「現實」至如此。

上國二之後，他開始沉迷手機遊戲，玩遊戲的時間越來越長，不願意寫作業，週末他可以不間斷地玩遊戲十幾個小時。後來，他乾脆不上學了，「全職」玩遊戲。這期間，他與家人的衝突不斷加深，無論是誰，只要限制他玩遊戲時間，嘮叨讓他休息一下之類的，他就無比煩躁。父母嘗試過沒收他的手機，他當即大發脾氣，摔東西，甚至要動手打爸爸。

一家人劍拔弩張，他與家人的關係降至冰點。

他第一次見到我的時候，擺了一個很特別的沙盤。沙盤是有一整塊區域的，他卻只擺放自己面前的一小塊地方，僅占用了一個小角落，留出一大片空白。他精挑細選了一個精美的房子，擺在自己選好的角落裡，周圍都用柵欄圍起來，在柵欄周圍用花草做了精心裝飾，看起來很精美。我問他：「這個房子是做什麼用的呢？」他說：「希望自己一個人住在這個房子裡，帶著自己的手機，養一個寵物，不希望父母再干涉我的生活。」說完又補充一句：「他們真的好煩。」他跟我詳細表述了自己拒學的整個過程：自己國小成績較好，國中進入升學國中，課業有點跟不上，同時，第一次住校，與宿舍同學的關係出現問題，宿舍同學將扣分的責任都推到自己身上，他們非常虛偽，自己再也不想跟他們接觸了。介紹完這些，他低著頭，用低沉的聲音說：「他們在這種狀況下沒有給我恰當的支持，只知道處處地管教我，監督我玩手機，在家裡沒有一點自

由。」我知道，他說的「他們」是指他的父母。他很少用「爸爸媽媽」這樣的稱呼，特別是提到爸爸的時候，都是直呼其名。

第二次過來的時候，他情緒很不好，說是因為爸爸沒收了自己的手機，連續幾天都沒辦法玩遊戲。他勉強進入治療室，找了很久的沙具，最後選擇了一個喜歡的動漫人物形象代表自己，接著就將那個人物放進籠子中，告訴我：「這就像現在的我，沒有自由。」後來他又找了一個動畫形象代表爸爸，把自己和爸爸擺成相對站立，隨時準備攻擊的姿勢，嘴裡都是狠話：「要把他釘在十字架上打，我恨死他了。」我問：「那麼恨你爸爸嗎？」他沒有接話，只是自顧自地說：「從很小的時候就只有握著手機才有安全感，手機能給我帶來快樂，而且手機裡有人，可以陪伴我，父母沒辦法給予我想要的陪伴。」他低聲說著，也不看我，彷彿只是自己在無聊地追憶往事，說的時候也不帶明顯的悲傷，只是幽幽地、緩緩地說。

接著，他又帶著諷刺的語氣說：「爸爸覺得繼續給我手機我就會瘋掉。」又故作無所謂地說：「反正全家人都不信任我，無論做什麼都要被嚴密監視，我也不信任任何人，只相信我自己。」只相信自己的他，造了一棟房子，想一個人住在裡面，拒絕外界的任何支持，不願意相信任何人。說這些話的時候，他順手用沙子把代表爸爸的公仔埋了起來，並在上面壓上耶穌，一邊無所謂地說：「父母什麼的我都不在乎，只要給我手機就可以了。」

我見過他媽媽一次，媽媽在說到他的時候用的表達是「有了手機就六親不認」、「手機比父母還親」，說的時候情緒很激動，眼淚在眼眶裡打轉。實際情況是這個家庭有一個無比強勢的奶奶，孩子自幼成長過程全程有奶奶參與，孩子與奶奶的相處才是最多的。媽媽在他的照顧方面插

Story 01　拒學，都是手機的錯？

不上手，加上自己身體不好，十幾年的時間裡，大部分時間用在照顧自己的身體，尋找各種養生妙方。另外，媽媽還養了十幾隻流浪貓狗，每天都需要花很多的時間餵食、清理，她盡心盡力，從不假手於人。直接跟孩子之間的相處和互動，其實少得可憐，她似乎把母愛全都給了流浪貓狗，沒有多餘的，也沒有機會再分給自己孩子。

而他記憶中的爸爸，從小最關心的就是他的成績，只要考不好，或者因為心情不好，就會動手打自己。有些時候爸爸也會對他很好，幾乎是有求必應的，但通常就只持續一兩天，很快就會翻臉。他解釋給我聽：「你看，只有手機是最真誠的，是不會變的，它一直讓我覺得安心。」我竟想不到合適的表達去反駁他，只是略微想了想，抱著冰冷的手機來打發時間，獲得安慰的孩子，會有多麼孤獨。

父母不關心這些，他們只關心有什麼方法可以讓他戒掉手機，在他們眼中：戒掉手機＋正常上學＝萬事大吉。每次父母都殷切期盼：「老師，您給我們點建議，怎樣才能讓他不玩手機，我們真的什麼方法都試過了，都沒有用。」我無言以對，只能隱隱在心裡嘆息。

我們不時會看到這樣的新聞：

「小孩玩遊戲儲值上萬，父母要求遊戲公司賠償退款。」

「國中男孩墜樓，家長稱都是暴力遊戲的影響。」

「國小生玩遊戲偷花父母積蓄數十萬。」

一字字一句句，無不令人怵目驚心。

但這些真的全是遊戲的「鍋」嗎？

曾經聽過這樣一個說法：「我們不需要知道電玩遊戲是什麼，它會不會造成近視，它會不會上癮，我們只需一個『背鍋俠』，一個可以掩蓋家

庭教育失敗、學校教育失敗、社會教育失敗的東西。現在它叫遊戲，15年前它是未成年戀愛，30 年前它是偶像，40 年前它是武俠小說。」

當我們無法面對，或者不願面對現實的時候，總是需要一個擋箭牌。

在早年，這個擋箭牌是武俠小說。

那個時候，看武俠小說是被看作不學無術，不務正業的。武俠小說也被稱為不入流的文學作品。那時候金庸不是大家心目中的文學大家，誰想到幾十年過後，武俠竟然也成了一個非常大的文學流派，金庸、古龍這樣的武俠作家更是被捧上神壇，其作品也被翻拍成了一部部經典的影視作品，受人追捧。

後來，這個擋箭牌就成了「未成年戀愛」。

老師們嚴防死守，一對又一對的小情侶被棒打鴛鴦。現在回想起來，那時候的環境就是大多數人認為未成年戀愛是有害的，就像是看待害蟲一樣。而「未成年戀愛」學生的家長更是操碎了心。

再後來，這個擋箭牌就成了「網路成癮」。

可能很多年輕的朋友都無法理解，竟然會有一個上網都會被當成病的年代。想想人人都在上網的今天，對比當時的視「網路為猛虎」，實在是過於滑稽可笑。

而現在，這個擋箭牌成了「手機遊戲」。

國小生玩手機已經不是什麼少見的現象，很多國小生玩起手機來比三四十歲的成年人還熟練，懂得的技巧還多。而手機遊戲更是成了教育問題的「重災區」。家長擔心，老師也擔心，手機就是會吃人的老虎，看到孩子拿著手機就怒火中燒。

Story 01　拒學，都是手機的錯？

　　確實，問題孩子一旦休學，許多都會過上日夜顛倒、以手機為伴的生活。手機成了他們的精神寄託，只要拿著手機，就可以什麼都不想，什麼都不管，時間也過得很快。因為手機問題爆發家庭大戰的比比皆是。

　　有的父母不敢管，生怕孩子發脾氣。有的父母一見到孩子拿著手機就板著臉，期待孩子不碰手機，口頭禪就是：「整天就知道看手機，什麼事都不做。」

　　我們盯著手機，關注與手機相關的一舉一動，手機成了所有家長、老師的死敵，偏偏原本應該是「戰友」的孩子卻拚了命保護著手機的安全，誓與手機共存亡、共進退。長期的拉鋸戰解決不了任何問題，只是不斷消磨彼此的信任，最後，沒有人在解決真正的問題，只是全家的所有話題都圍繞著手機，不再袒露自己的內心想法，不再關心彼此的感受。

　　每個拒學的孩子，其實都處於內心極度脆弱，特別需要關心和支持的階段，而手機成功轉移了家長注意力的同時，被忽略的孩子的內心就只剩下孤獨和失落。

　　所以，最需要你關心的是孩子，是他的感受，他的想法，他的挫敗，而不是附加在他身上的成績，他手裡拿的手機。

　　拒學的孩子，也是孩子呀！

Story 02
從雲端掉到泥裡，如何不拒學？

有人說，真正的悲劇不是從頭到尾都悲傷慘烈，而是將美好的、幸福的、成功的一切都當面一片片撕碎給你看，相比一直待在泥裡，從雲端跌到泥裡的痛苦更讓人難以接受。就像失明的人，若是從小就看不見，悲傷不會那麼強烈而衝擊，而當一個人從擁有光明到不得不終日面對無休無止的黑暗的時候，撲面而來的絕望會將人徹底淹沒。

而對孩子而言，課業成績的下降，在學校處境的徹底改變所帶來的打擊，也可能會瞬間將他們擊垮，讓他們一蹶不振。

我曾面過一個高中的女孩子，第一次見面的時候就明確跟我說：「我不想好起來，稍微好一點我就會很恐懼，稍微好一點我就會害怕要回去上學，就會做自己坐在教室裡的噩夢，然後被嚇醒。」不想上學的孩子，或者說透過生病來逃避上學的孩子很多，但是毫不掩藏地說出來的並不多，按照人們一般的交流習慣，可能會回一句：「既然你都知道自己生病是為了逃避上學，怎麼還不改正，還不好起來，還這麼自甘墮落？」當時的我，更想知道的是究竟發生了什麼事讓她如此害怕讀書和去學校，要知道，她不單是情緒憂鬱，她還嘗試過自殺，換句話說，在她眼中，上學在某種程度上比死還要痛苦和折磨。然而，據我了解，她並不是那種不求上進的孩子，她的父母都是老師，她的成績在班上也並不算差，班級的老師和同學也都很關心她，不時鼓勵她回學校，表達對她的想念。這一切都絲毫不能消減她對上學的恐懼。

Story 02　從雲端掉到泥裡，如何不拒學？

　　她告訴我，她國小時成績普通，國中很努力學習，成績一直維持在班級前幾名，老師對自己很欣賞，同學甚至有些崇拜自己，認為自己各方面都很優秀，還會彈鋼琴，父母又是老師，教養又好。國中三年，是她過得最開心的三年，儘管課業壓力很大，但每天都幹勁十足，完全感覺不到累。沒想到，她考高中時發揮失常，沒有考進理想的學校，只進了普通高中的升學班。雖然有點難以接受，但一段時間之後，她還是調整好狀態，正常投入高中生活，在這個班級中嶄露頭角，是她為自己定下的目標。

　　高一時她在班上成績不錯，不斷進步，也交到幾個朋友，當時很有信心。高一下學期考試分班，她選了社會組，進了社會組最頂尖的升學班，跟原來所在的升學班不一樣，這個班幾乎集中了整個年級最優秀的社會組學生，她發現班上的同學都很厲害，壓力陡增。第一次月考前，她幾乎花了所有的時間來準備考試，反覆背誦可能要考的內容，就差不眠不休了，結果成績出來只是班上的中等水準，而且沒有具有明顯優勢的學科。這次月考像一個轉捩點，她突然不知道自己成績到底是好還是不好，能力到底是強還是不強，還能不能提高成績。她每天都反覆問自己這樣的問題，不斷自我懷疑，時時刻刻處於焦慮狀態，無法安心學習。每到考試前她就更加緊張，睡不著覺，嚴重的時候甚至通宵失眠，明明背得很熟的知識，一上考場就什麼都想不起來，手發抖到根本寫不了字。

　　在新班級中沒有朋友，她也將原因歸結於自己的成績不夠好，很多時候會不吃飯，一個人安靜地待在宿舍發呆，有時候就哭，靜靜地流眼淚。這樣的狀況持續一段時間之後，有一次她被導師發現在教室裡用刀片割手，並通知家長，父母才知道她這段時間的狀態，覺察到她的憂鬱，帶她過來治療。

她告訴我，從小到大，只有自己身體不舒服才能不做不想做的事情，上學也能請假。其他時候，無論自己多麼不想做，不想上學，都會堅持上學，努力讀書。父母都是老師，對她的成績期待很高，自己也覺得只有成績好才能證明自己的價值。自從發現她有憂鬱的問題之後，父母徹底改變了對她的要求：「沒關係，只要妳開心就好，先不要想上學的事情。」自己確實覺得輕鬆了很多，每天玩玩手機，滑滑影片，也很放鬆。另一方面的改變是控制不住地想買東西，跟父母提很多要求，很多東西想要，一旦父母不答應，她就會忍不住大發脾氣，但買了之後又覺得愧疚，知道父母不容易，覺得拖累了父母。除了父母，她中斷了和所有人的聯絡，同學給傳訊息給她也都不回覆，她幾乎不出門，用她的話說：「我不知道該怎麼面對其他人，我誰都不想見。」

　　愧疚、丟臉，以及瀰漫在生活中的焦慮，所有的情緒都讓她措手不及，她不知道如何應對，只想往後逃，往後退。

　　奇怪的是，兩個星期後，她又完全變成了另一種狀態，似乎完全想通了，說想馬上就回學校，而且已經完全接受成績不是人生的全部，也不能衡量一個人的價值，以前都是自己太執著了。她淡定地說：「回校後我不打算讀書，寄情於穿時尚的衣服、鞋子，把自己打扮得漂漂亮亮的，這也是一種生活方式。」直覺告訴我，這麼快的轉變和「想通」，絕對有蹊蹺，畢竟「頓悟」發生的可能性其實並不高。

　　果然，下一週見我的時候，她完全變了樣子，忍不住地嘆氣，說自己現在其實完全看不進去書，以前看書是一目十行，而且天生記憶好，看幾遍就能完全記住。現在只能一個字一個字地看，而且那些字只是在眼前飄，根本進不了腦袋。她一點都不想思考，也思考不了，只想看手機，影片一個接一個地滑，看朋友的動態，並不覺得開心，只是無聊打發時間。待在家的日子就像躺在一個「軟墊」上，什麼都讓媽媽幫忙做，

Story 02　從雲端掉到泥裡，如何不拒學？

也暫時不用面對壓力，很舒服，但內心也很恐慌，不知道這個「軟墊」某一天被拿走了，自己該怎麼站起來。她做夢都沒有想到，有一天成績會成為自己無法面對的困難，從小到大的考試，她基本都是只要定下目標就都能達到，沒有受過大的挫折。高二這一年，她不斷體會自己對學習的無力感，無論怎麼努力，成績都沒有起色，不只是學習，她甚至覺得對整個生活都完全失去了興趣。她很想快點抓住一個東西來寄託，但卻絕望地發現什麼都抓不住。

我還遇過一個考大學失利的孩子。

她從小到大都是所謂「別人家的孩子」，國小到高中都是讀名校，學習對她來說簡直就是易如反掌，她並不覺得比其他人努力，但成績卻一直非常好。大考前，她雖然有些緊張，但還是自信滿滿的，覺得可以考入自己理想的大學。沒想到最後只被錄取到一個普通的私立大學，學校位置很偏僻，周圍環境不好。看學校的時候，她都不願意去，是父母代替她去的，用她的話說：「如果我去了，就代表我接受去這個學校了，我是死也接受不了的。」要知道，她高中讀的學校是明星高中，班上藏龍臥虎，同學們認為某些「前三志願」大學都很普通，是輕輕鬆鬆就可以考上的。一個不入流的私立大學，對她而言是難以啟齒的。

她反覆跟我說：「班上有很多成績比我差很多的同學都比我考得好，考上比我好很多的學校，我都不知道以後如何面對他們。」她有意疏離老師和同學，不想跟任何人聯絡。她堅信人是分三六九等的，去到不同的學校就代表不同的等級，去了這個不入流的學校，從此之後就跟同學們不是同一個世界的人了。

於是，她堅持選擇重考。沒想到去了重考班才一個星期，便堅持不下去了。重考班的進度非常快，氣氛緊張得讓她窒息，她突然發現，一

直以為學得很好的科目跟其他人比起來，完全不值得一提。更要命的是，她發現自己無法全身心地投入。對她而言，這是一次只能成功，不能失敗的賭注：下一屆大學考試就要改革，她沒有退路。她發狠說：「如果不是考試改革，我一次考不好就考第二次，一定要考入理想的學校為止。」然而，不知是不是上天故意跟她作對，她沒辦法這麼任性地一直考下去。

再重考班兩週之後，她實在讀不下去，只能中斷在家。

她每天一醒來就哭，一哭就是好幾個小時，不斷自責，抱怨自己高三的時候沒有全力以赴，有時候讀累了，或者覺得沒有進展的時候，會玩一下手機，放鬆一下。她數學成績不好，有一段時間她放下其他科目專門來讀數學，花了很多時間，成效不彰。她不斷假設：如果當時不是偷懶玩手機，如果把全部的時間都用來學習，結果可能會不一樣，我就能跟其他同學一樣，去理想的學校。

我沒辦法回答她的這些假設，也不可能開口勸她要振作起來。要接受現實，從雲端跌落的打擊到底有多痛，恐怕只有她自己知道。

這樣的打擊，並不會等你準備好的時候才來到，也不會因為你年齡還小就大發慈悲。我會面過一個在四年級就嚴重拒學的孩子，印象最深刻的場景是他嘆口氣，無奈地說：「我以前還是很優秀的。」看著這個滿臉稚氣的孩子，心事重重地追憶往事，心裡莫名地「咯噔」一聲。

在上四年級之前，他的成績一直很好，在班級名列前茅，讀書對他來說是「小菜一碟」，他只要稍微用點心，很輕鬆就能學會。加上他運動神經很好，是學校裡球隊的主力，經常代表學校到各地去參加比賽，學校的綠茵場上時時都有他馳騁的身影。那時候，他是同學豔羨的對象。老師看他的眼神裡都是溫柔和疼愛，並且常常號召同學們向他學習。

Story 02　從雲端掉到泥裡，如何不拒學？

對那時候的他來說，上學是最開心的事情，生活沒有煩惱，時間過得飛快。

這一切，在上四年級之後戛然而止。四年級時課業變難，開始要寫長作文，有著「隨便學學」習慣的他，慢慢有些力不從心，成績直線下降。以前從來不管他學習的爸爸，開始每天蹲守，督促他完成作業。莫名地，他覺得自己好像變笨了，有時候爸爸一個題目講十幾遍，他還是不會，換來的當然就是一頓臭罵：「你怎麼這麼笨，這麼簡單都不會？」每天回到家，看著爸爸等著自己寫作業，他就開始緊張，有時候拿筆的手都有點抖。當然，爸爸並沒有注意到這一點，他總是火冒三丈：「就是你自己不認真，這麼簡單的題目都解不出來。」隨著成績下降，老師對他的態度也有了明顯的變化，點到他名字的時候，不再是表揚，而變成了：「×××，認真點，你看看你最近的成績！」十幾歲的國小生當然是看老師的態度行事的，原本關係很好的同學，都有意無意地疏遠著他。

短短幾個月裡，他經歷了坐雲霄飛車一般的落差，他接受不了，解釋不通，也消化不了：「我覺得大家都嫌棄我了，都希望我從這個世界消失。」想了想又追憶過去：「我以前其實還不錯，滿優秀的。」不知是為了自我安慰，還是為了讓我留下一個好印象。十幾歲孩子的小腦袋，大概很難想通世界和人們的態度竟然會變化這麼快，他們以為生活會一直如自己喜歡的樣子過下去，沒想過有意外，沒想過有一天會從雲端掉下來。

是世界變了還是他變了？他回答不了。

成年人經歷「錦上添花」和「雪中無人送炭」、「落井有人下石」的落差時，尚且會懷疑人生，更何況涉世未深的孩子。遺憾的是，大部分時候，我們都只在乎「掉到泥裡」這個事實本身，著力於用盡全力把孩子從

泥裡拉起來，或者讓他自己從泥裡爬出來，至於掉下來的過程中，他經歷了什麼，我們都無暇顧及。

在這個充滿競爭的社會，整個教育過程都瀰漫著焦慮，「孩子落後了」永遠比「孩子難受了」更吸引人注意。於是，落差帶來的影響就只能由孩子自己慢慢消化，將這個新的經歷整合到他的認知體系中，包括對自己能力的評價，對周圍人的信任程度，對自己的價值的認知。這是個複雜的過程，也是個十分危險的過程，出現偏差的機率非常高。

自暴自棄，與父母反目成仇，消減對身邊人的信任……都可能是整個教育過程中的副作用。而這些，相比於是否快速提高成績，應該是重要得多，深遠得多的影響。處理情緒，處理感受，永遠應當優先於處理事情，問一下孩子：「摔得痛不痛？」、「是不是覺得很丟臉？」告訴孩子：「沒關係，爸媽相信你。」告訴孩子：「成績不是一切。」

學校是孩子由家庭向社會過渡的地帶，可以現實，可以見風轉舵，但至少，在家裡，讓孩子感受到父母的愛、支持與接納。

Story 03
得不到認同，我為何還要上學？

　　對教育而言，發現每個人的價值，讓每個人都有被認同、被看見、被肯定的機會，不正是教育的價值所在嗎？當今的教育更多的是「選擇性關注」，能被認同的也是少部分按照世俗的觀念評價的「優秀孩子」，其他的孩子更像是陪襯者、旁觀者。

　　每個孩子都渴望被看見、被認同，這是大部分孩子努力學習、堅持學習的主要動力來源。看見更多的孩子，找到更多孩子身上值得被認可的地方，或許是減少拒學的可行途徑之一。

　　有個女孩是自己一個人找到我的。她因高中考試失利，沒有考上自己理想的學校，自信心受到較大的打擊，對現在的高中非常不滿意，沒有學習動力，大部分時間處於情緒低落狀態，長期失眠，焦慮異常。她找到我的時候，正上高一，基本無法正常上學和聽課，在班上沒有朋友，每天雖然勉強到校，但幾乎什麼也讀不進去。她想盡各種辦法請假，老師對她基本是放棄的態度。

　　女孩最親密的人是母親。母親學歷不高，有著所有樸實又強勢的母親的觀念和要求。母親認為自己沒讀書，吃了很多苦，拚命賺錢是為了女兒能考上好大學。她沒有自己的生活，所有的付出都是為了孩子，理所當然地，她對孩子也有很多期待：希望孩子能聽話、努力，把所有時間都花在課業上；希望孩子體諒父母的辛苦，不要總是和父母與奶奶賭氣。

身為一個普通家庭的孩子，她從上國小開始就接受一對一的家教輔導，每一學期光是補習的學費就所費不貲，父母和奶奶眼都不眨一下，只要她願意去，便立即掏錢。隨之而來的是高期待。女孩稍不聽話，母親便會立刻發火，長時間罵她，一邊罵一邊哭，數落她的不是，數落她的不孝，數落她嫌棄自己的媽媽，好幾次甚至哭暈過去。母親深信女兒嫌棄自己，將來肯定不會贍養自己，現在就已經是「白眼狼」了。奶奶的性格跟媽媽很相似，無條件地對女孩好，自己捨不得花錢，都存起來幫女孩買手機，買書，然而，一旦孩子不順自己的意，就感覺彷彿天塌下來一般，崩潰大哭。與母親和奶奶的爭吵成了家常便飯，她有時也會變成一個潑婦一般跟媽媽對罵，自己會被憤怒充斥到全身發抖，憤而離家出走，但出走後又會孤獨，最後又自己乖乖回家。

　　她在朋友面前大多數時候都是扮演傾聽者的角色，多是對方滔滔不絕地說，自己有時候想表現一下，對方便會說自己太張揚，想炫耀。她對我說：「只有你會認真聽我說話。」她跟我講述國中時認識了一個自己非常崇拜的女生，成績好，家庭狀況好，看的書多，說起話來也都是頭頭是道、富有哲理的。她稱這個女孩為「信仰」，閃閃發光，高不可攀。相比之下，她就像醜小鴨一般，貌不驚人、成績普通、家庭普通，看的書少得可憐。於是，從認識對方開始，她就下定決心要努力學習，提高成績，在她的概念裡，成績好了，也就代表離對方更近，更有資格跟對方做朋友。國中時她的努力很有效，成績不斷進步，然而，隨著大考的臨近，她整個人變得焦慮異常，過度在意每次考試的分數，經常失眠，儘管如此，她還是將所有的理由都歸結於是自己不夠努力，應該花更多的時間，應該睡得更少一點。沒日沒夜地學習，換來的是大考的「滑鐵盧」，她考得比所在的升學班最後一名的成績還要差，只能去一個非常普通的高中。而她的「信仰」如願考入了名校，她再也不敢聯絡對方。

Story 03　得不到認同，我為何還要上學？

　　高一時，她將眼睛放在頭頂上走進了新班級，看不慣班上的每個人：「他們都是後段班的學生，要不是我考試失利，怎麼可能來這裡？」她不主動跟班上任何人接觸，別人來找她她也是愛答不理，漸漸地，她在班上進入自我孤立的狀態。同學們覺得她很怪，背後說她「自以為了不起」、高傲、目中無人。她表面毫不在意，將全部時間都投入讀書，心無旁騖一般，但實際上效率很低，很多時候根本集中不了注意力。她選擇性地忽略這部分事實，每天都跟在老師身後問問題，看起來無比積極，老師也器重她，對她寄予厚望。然而，第一次月考成績出來，全班都跌破眼鏡，她只拿到中間的名次，而她的目標，是拿全班第一，並且要遠遠超越第二名！成績出來，將她表面武裝的信心徹底摧垮了，她從此一蹶不振。高一一整年，曉課、請假、不交作業都是家常便飯，上課聽不進去，作業不會寫，最差的時候她幾乎是全班倒數。她在班上沒有朋友，沒有人同情、支持她，她覺得待在學校的每一分鐘都是煎熬。她每天都在思索怎麼請假、逃學，藉口編得越來越順，母親被請到學校的次數越來越多，對她的信任也逐漸下降。「妳已經廢了，就是個廢人了，我們本來還指望以後可以靠妳，看來妳將來能養活自己就不錯了。」

　　她是在這樣的情況下找上我的。

　　她對於心理治療帶給她的價值毫不隱藏，直白地表達：「我的身邊沒有人認可我。」雖然，我心裡很清楚，對很多青少年而言，獲得認同、被傾聽、被看見是他們願意做心理治療最主要的動力所在，但幾乎沒有孩子會如此坦誠地表達出來，我倒覺得有些忐忑起來，我能做到不辜負她的期望嗎？能做到一直發自內心地欣賞她嗎？她很積極主動，每次都至少提前半小時到，默默地等，自己一個人坐在我辦公室外的凳子上，不會提前打擾我。每次她都至少帶著一本書，有時帶著兩三本，一本看，

一本墊著坐，一本放旁邊，經過的人能夠明顯地判斷出這是一個熱愛看書、很有內涵的女孩子。她帶的都是深奧難懂的科學或者心理學書籍，比如，《時間簡史》(*A Brief History of Time*)、《烏合之眾》(*The Crowd A Study Of The Popular Mind*)等，直接一點來說，都是看起來很高尚，很有品味的書。每次談話的開始，她都要首先跟我展示她最近看的書，細細地跟我分享書的內容，她的感想，她聯想到自己的現狀得出的結論。女孩的表達能力很好，談起來滔滔不絕，好多她提到的書我都沒讀過，有時只能聽著，隨聲附和。她每表達一個觀點都會望著我，眼睛裡都是等待和渴望，怯怯地問：「你說對吧？」我看著她，真誠地點頭，謹慎地回應我能回應的部分，保證她能感受到我的認同，但又知道我不是浮誇虛華地在誇她。此時的她，像抓救命稻草一般抓著每一個對她有所認同的人，她太需要一些肯定的目光和微笑，來證明自己存在的價值和意義，為此，可以不惜代價。

然而，這樣建立起來的信心和價值感是無比脆弱的。高二換到新班級，她期待能一切從頭開始，她希望給同學留下的印象是喜歡看書，好學，上進，這樣同學們會更願意跟她相處。她的座位上堆滿了書，而且都是課外書，她將課本都放在抽屜裡，以此來展示和表達內心的渴望。恰好臨近坐的一個男孩子也非常喜歡看書，特別是歷史書，而且是從小累積，對很多歷史人物都如數家珍，對於歷史事件背後的故事比老師知道得還要多，而且有自己的觀點和想法。雙方有相見恨晚之感，很快攀談起來，很快，女孩就受挫了。她是看過很多書，知道很多觀點，但沒有一個領域是精通的，男孩談到的很多內容她都一無所知，她接不上話，所以大部分時間只能聽。聽的時間長了，男孩也會問她的想法，也想跟她談談心理學，她如臨大敵，戰戰兢兢，很快敗下陣來。

Story 03　得不到認同，我為何還要上學？

　　她說：「我覺得自己好假，那個男同學才是真的知識淵博，我只是個冒牌貨。」我答：「妳不是假，妳太希望快速得到認同了，來自外部的認同。」要有外界的認同，她才能在這個班級待下去，才不會時時恐懼，擔心再一次被同學看不起、被疏遠和被排擠。每當恐懼的時候，她就會威逼利誘母親幫她請假，她想逃回家裡，哪怕逃半天，逃一個晚自習都好。

　　狀況穩定之後，她不再需要每週找我。後面每次約我，都跟成績考得差有關，只要成績沒有達到預期的目標，她便會陷入無休止的自我懷疑中，徹底否定自己。一開始，她還是將目標定在全班第一，希望在班級中能夠一鳴驚人，幾次考試下來，她漸漸接受現實，數學成績一直在幾十分徘徊，讓她十分沮喪。她慢慢調整自己的目標，希望每個月的努力都能在月考中有所展現。然而，失望的時候占大多數。每次，聽她一刻不停歇地說完自己的缺點之後，我會習慣性地問她一句：「妳真的這麼差嗎？」她才能稍稍從完全的自我否定中抽離出來，看到自己的付出和努力，但仍無比氣餒：「我就是不甘心，為什麼我那麼努力，在成績上一點表現都沒有！」冷靜下來的時候，她也知道並非完全沒有表現，她的數學成績從原來的二、三十分提高到七、八十分，文科綜合在班上的成績已經名列前茅，只是她太需要來自成績的價值肯定，恨不得一夜之間成為全年級第一，因此，很難看到自己的進步。

　　難能可貴的是，這個孩子的反思能力很強，她發自內心地想改變自己現狀，想擺脫一切依靠他人肯定的信心魔咒。在新班級裡，她一直留意著、思考著自己跟人相處的方式，盡量做到「不卑不亢」，嘗試不再那麼「討好」。比如，有人坐在她的位置上，看到她回來還是絲毫不動，她竭力掩飾自己的緊張，一邊用盡量淡定的口吻說：「不好意思，我不喜歡

別人坐我的位置。」她心裡生怕得罪了對方,沒想到對方從此對她畢恭畢敬,再也不敢如以前一般對她呼來喚去。她努力在改變的過程中不斷累積信心。有時候她跟同學打招呼,同學的反應比較冷淡,她仍然會第一時間胡思亂想:她是不是不喜歡我,我是不是得罪她了。冷靜下來,又自己分析給自己聽:我跟她也沒什麼接觸,我不可能得罪她,可能是因為我們不熟,對方不太習慣我這麼熱情吧。後來事實證明,對方在她需要幫助的時候同樣會施以援手,只是因為並不熟悉,平時交流比較冷淡。她把這些經歷都認真地記在心裡,每當自己再次慌亂、恐懼的時候,便提取這些記憶安慰自己。

目前,這個孩子已經上高三了,需要來見我的次數越來越少,我想,她肯定是找到了很多自我認同的方式,不再那麼迫切地需要來自外界的肯定和認同,我發自內心地為她高興。

然而,大部分的孩子做不到這樣的反思,基本上也不具備自我認同能力,在一個長期被忽略,幾乎得不到任何肯定的大環境中,最容易的選擇就是漸漸放棄自己,自暴自棄。

曾經在一次面對家長的講座中,我詢問家長們,怎樣才能讓自己的孩子自信一些,大部分家長的回答都是「發現孩子的優點」,我於是問:「有沒有孩子在世俗眼光中真的沒有優點?」家長們先是一愣,接著陷入沉默,其實我們都清楚,在現今的評價體系之下,每個班級都有一些永遠不會被表揚,甚至幾乎不會被看到的孩子,這些孩子要靠什麼在學校裡有尊嚴地待下去,是被我們習慣性忽略的問題。

然而,對教育而言,發現每個人的價值,讓每個人都有被認同、被看見、被肯定的機會,不正是教育的價值所在嗎?當今的教育更多的是「選擇性關注」,能被認同的也是少部分按照世俗的觀念評價的「優秀孩

Story 03　得不到認同，我為何還要上學？

子」，其他的孩子更像是陪襯者、旁觀者。

每個孩子都渴望被看見、被認同，這是大部分孩子努力學習、堅持學習的主要動力來源。看見更多的孩子，找到更多孩子身上值得被認可的地方，或許是減少拒學的可行途徑之一。

Story 04
乖孩子就不會拒學嗎？

　　乖孩子拒學的最大特點是什麼？是大部分一發現就是崩潰性的，都是輕描淡寫的表面下撕心裂肺的長久累積。懂事、聽話、什麼事情都能自己搞定、為別人著想，是他們身上的標籤，也是身邊人以為他們擁有的全部特質。乖孩子的父母總是很放心，也習慣了一直如此放心，因此，接受孩子拒學的現實變得尤為困難。

　　很抱歉，乖孩子一旦拒學，比「小屁孩」、「壞孩子」更麻煩，更難處理。原因是什麼？或許我們在看了「乖孩子」為何會這麼乖之後會更容易找到答案。

　　這個女孩來到我的治療室，我對她的印象，可以用幾個詞概括：從未被看見，一直懂事，什麼都自己承擔，別人的事自己也要承擔。

　　她人際關係極好，幾乎全班同學都是她的朋友。她憂鬱一年多，但在外人面前從來都是笑著的，從來不表達負面情緒。我問她：「妳的父母沒有發現嗎？」她表情複雜地笑：「沒有，可能我演技比較好吧。」父母總是很忙，加上還要照顧弟弟，幾乎沒有多餘的時間管她。經常是父母回到家的時候她已經睡著。我問：「你的爸媽從來沒有跟妳靜下來聊過天嗎？」她說：「沒有，完全沒有。會這樣做的父母應該是有問題，有點神經質吧？」我又問：「那週末呢？你們一家人會出去玩嗎？」她又以奇怪的眼神看著我，一臉難以置信，我於是明白，她是在表達：「有家庭會週

029

Story 04　乖孩子就不會拒學嗎？

末一起去玩嗎？」

她說：「我就是想搞清楚我為什麼會憂鬱。」她想不到具體的事情，對上國中之後的事情甚至有選擇性遺忘，基本上都只有模糊的記憶。上國二之後，她就開始頻繁請假，期中考試之後，只要提到上學她便會劇烈嘔吐。她說：「我不覺得自己焦慮，我也不覺得成績那麼重要，就是不太理解這些身體症狀是怎麼回事。」

對父母突然的關心和關注，她很不適應：「總覺得他們變得有點神經質，小心翼翼的，我的一舉一動他們都看著，我有點害怕。」她接著解釋道：「他們只是覺得關心我，我的病就能快點好起來，而不是發自內心地關心我這個人。」

想作為一個完整的人被看到，卻選擇了只會讓父母看到好的一面的方式，這是「乖孩子」最大的悲哀。

還有一個在升上高中之後不久就拒學的女孩。在她出現狀況之前，家庭的運作方式一直是這樣的：媽媽忙工作，爸爸忙著逍遙地生活，經常跟自己的朋友出去運動和消遣。父母都是老師，都奉行強勢管理，不容反駁，漸漸地她不再敢說話，有委屈都壓抑在心裡。

升上高中，她有一個非常霸道、自我的同學，會經常帶著鄙視評價她的行為習慣。比如說，她追星但不買明星的周邊，不加入粉絲群在裡面花錢，同學會當著全部的人的面前說她是「免費仔」。她心裡不認同，認為大家現在花的都是父母的錢，不應該浪費，追星也不是以花錢來評價是否用心的，可她卻一句話也說不出來，眼淚只能往肚子裡吞。她高中生活適應遇到困難，經常會委屈地哭，同學又說她：「哭什麼哭，有什麼好哭的，動不動就哭，真做作。」眼神和語氣裡都滿是不屑。她實在受不了，去拜託老師換座位，老師又去跟她座位周圍的同學調查原因，發

現並沒有人欺負她，也沒有吵架或者針對她。於是老師本著負責任的態度一頓教訓：「這個同學只是個性比較直，有什麼說什麼，主要還是妳自己的問題，是妳自己想太多，太斤斤計較。」漫漫長夜裡，她也開始自我懷疑，是不是真的是自己的問題？是自己不捨得花錢，是自己脆弱，是自己多事？她常常輾轉難眠，漸漸地，在班上就不再說話，不敢輕舉妄動。

她越來越害怕去上學，怕遇到自己的同學，一想到上學整個人就開始緊張、焦慮，甚至出現軀體化症狀，嘔吐、月經失調，整個人暴瘦。她時常請假，但在家裡也並不平靜，經常自己一個人哭。

她找到我的時候，我只做一件事：幫她重塑信心。跟她一起客觀地分析目前遇到的情況的客觀原因：到一個新環境需要一個適應的過程，強勢的同學帶給她信心的打擊⋯⋯諸如此類。她眉頭緊鎖的臉上，漸漸有了隱約的笑容。第一次治療之後她便正常回去上學了，父母以為我有靈丹妙藥，驚嘆得不得了。其實我自己知道，她不過是渴望一個人聽她講，給予她尊重和認同罷了，這些再基本不過的部分，在她的心中缺失已久。

父母也做了深刻的自我反思，自責自己之前太少陪伴孩子，不了解她內心的想法。爸爸在孩子這麼大以來，第一次帶著她去運動。她跟我強調：「是帶著我，跟我一起去，我很願意去。」我問她：「以前呢？」她想了想：「以前他們都很忙，最多就是叫我出去走走，叫我要多運動，從來不會陪我。爸爸喜歡踢足球，每次都是我坐在旁邊看著他踢，也很無聊的，我不喜歡去。」她也開始嘗試跟父母講自己的想法和心事、跟同學的矛盾、自己的困惑和衝突。父母認真聽，站在她這邊替她說話，說同學這樣的做法太過分。她說：「我終於能感覺到父母是跟我站在一起的。」

Story 04　乖孩子就不會拒學嗎？

又帶著幸福的笑跟我說：「我覺得他們現在變得很好。」我問：「會不習慣嗎？」她靦腆地笑：「還好。」想了想，又不好意思地說：「就是怕他們等我好了，又像以前一樣不怎麼管我了。」這個瘦瘦弱弱的女孩，表達著大部分不受關注的孩子的心聲，我於是問她：「妳希望父母以後怎麼跟妳相處呢？」她抬起頭，又笑一笑：「只要聽我說話就可以了。」

原來如此簡單。

乖孩子拒學的最大特點是什麼？是大部分一發現就是崩潰性的，都是輕描淡寫的表面下撕心裂肺的長久累積。懂事、聽話、什麼事情都能自己搞定、為別人著想，是他們身上的標籤，也是身邊人以為他們擁有的全部特質。乖孩子的父母總是很放心，也習慣了一直如此放心，因此，接受孩子拒學的現實變得尤為困難。

「我的孩子也會拒學？」這是他們做夢也沒想過的問題，而對這些孩子而言，拒學只是最終的表現形式，如果不拒學，他們可能就直接厭世，甚至一聲招呼都不打就放棄生命了。我時常慶幸，這些孩子在把自己逼到絕境之前，還會在最後保護自己一下，不強迫自己去承擔超過承受能力的壓力。

「懂事、聽話」的親子教育標準在最近幾年異常受批判，然而，誰不喜歡聽話的孩子呢？誰不喜歡不用自己操心的孩子呢？難道有人喜歡整天跟自己抬槓，動不動就離家出走的孩子嗎？乖孩子有著天生的「討人喜歡」的本領，而且這樣的特質就像是長在他們身上一樣，做起來是那麼自然而習慣，他們感受不到委屈，也不覺得難受，關心別人、為別人著想就像一種反射動作，所有的需求和情緒都在不經意間被轉化得無影無蹤。父母便有這樣的誤會：「我的孩子天生就是這麼懂事，天生就會為他人著想。」或者認為孩子就是這麼獨立堅強，什麼事都能自己搞定。

「她很多時候比我們還有主見，什麼事交給她我們都放心。她自己的事也從來不用我們操心。」十幾歲的孩子，在不知不覺間，成了家人的依靠，父母卻全然不覺得奇怪，認為是孩子能力強、懂事、成熟，畢竟，這都是社會鼓勵的正向特質。

這就造就了「乖孩子」另一個特點：往往習慣拒絕外界的幫助。習慣什麼事情都自己承擔，甚至承擔家人的壓力和情緒。一方面，這讓他們對外界並不信任，只相信自己。另一方面，他們無法袒露脆弱和壓抑，堅持靠自己調節來證明自己的能力。

這樣無奈的狀況，對我而言是家常便飯。

有個剛上高中，看起來卻像大人模樣的男孩子，坐下來第一句話便是：「我自己不願意來，就是為了讓我父母安心，我才來的。」我問他：「你父母讓你來，如果你不來會怎麼樣呢？他們會很受打擊嗎？」他不看我，點點頭：「尤其是我媽，她可能會崩潰，會哭。」我無奈地笑笑，告訴他之後不想來我可以跟他父母說明，今天既然來了我們就大概談一談。他十分配合，幾乎有問必答，只是不斷強調著他的中心思想：「主要是我自己現在心態沒調整好，還是我自己的心態問題，還是主要靠自己調整。」事實是，他一到學校就胸悶、頭痛，經常整晚失眠。他不敢說自己不想上學，只能想各種辦法找老師請假。在家裡，他表面上很正常，大部分時間都是把自己關在房間裡睡覺。他說：「我表面上看起來好一點，可能我的父母就不會那麼擔心了。」

他在中考之前也出現過類似的情況，晚上失眠，在學校便緊張、胸悶，但那時候班上有幾個好朋友，平時打打鬧鬧，轉移注意力，心情也能稍微放鬆一些。升上高中後，陌生的環境於他而言是一個冰冷的地方，跟同學不熟悉，陡增的學習壓力讓他措手不及。第一次月考之後，

Story 04　乖孩子就不會拒學嗎？

　　他說：「從來沒考過這麼差的成績。」至此之後，他上課總覺得自己聽不懂，跟不上，特別是自己不擅長的科目，緊張、心慌的情況更嚴重。不過這些情況父母都不知道，父母只知道他不願去學校，拚命努力開導他，告訴他學習的重要性，讓他要調整好心態。他一直在照做。

　　我問他：「想跟你的父母一起談談嗎？讓他們更了解你的情況。」他想都沒想就拒絕了：「我不想讓他們擔心，不想讓他們知道我的情況。」我問他：「你怎麼確定他們一點都不知道你的情況呢？就像你會擔心他們一樣，他們會真的若無其事嗎？」他沉默良久，沒有回應。會談快結束的時候，他提了一個請求：「你能不能跟我的父母談一談，讓他們不要那麼擔心，讓他們放鬆一點。」這是乖孩子最常提出的請求，不是為了自己，是為了他人。確實，減輕父母的壓力是幫助他們的方式之一。

　　不出意外，父母是將焦慮和擔憂都寫在臉上的類型。爸爸沉默得更像是背著千斤重擔，媽媽眉頭緊鎖，欲言又止。剛開始沒說幾句，媽媽便哽咽著說：「這個孩子就是太懂事，太為別人著想了。」的確，有時我們希望孩子懂事，有時我們又抱怨孩子太懂事，人心果然是最難以滿足的。就如面對壓力、困難想不通，走不出來的時候，我們羨慕別的孩子不拘小節、神經大條；而當我們覺得太操心、太累的時候，當然是希望孩子懂事、細膩，最好還能替我們分擔，那當然是人人羨慕的「別人家的孩子」。只可惜，孩子的個性和行為方式並不如我們希望的那般收放自如，可以任意調節。事實上，乖孩子對於自己的處理方式往往是最堅持、最固執的，這是他們抵禦內在自己不夠有力量的強大焦慮的唯一方式。

　　「乖孩子」的父母比起成天跟「小屁孩」鬥智鬥勇的父母而言，更無法適應孩子出問題之後家庭生活的巨大變化，不習慣整天要圍繞孩子的

問題去想辦法，不習慣要替孩子擔心。曾經見過一個媽媽面色蠟黃得嚇人，一個月內瘦了好幾公斤，經常通宵失眠，半夜哭醒，只要一開口說話便停不下來，語氣又急又快，焦慮得整個人都彷彿要失控。然而，她堅持：「我挺好的，只要我的孩子好起來，我就沒事，我是成年人，我自己可以調整。」我只能無奈地笑笑。就如前文提到的女孩所說的一樣，為了讓自己從無助和焦慮中走出來，父母會不惜一切代價地去對孩子好，恨不得二十四小時陪著孩子。為了什麼？除了內心的愧疚，還有最直接的願望：「你趕快好起來吧，你好了我們一家人就都好了。」我常對這樣的父母潑冷水：「越是想孩子快點好，孩子越可能恢復不了。」

只能「一直好好的」、「永遠好好的」，這樣的孩子該是有多累？因此，出乎很多人意料，「乖孩子」一旦拒學，不想好起來的比例其實超出很多其他類型的拒學。在他們的潛意識裡，好起來就意味著要重新去承擔沉重的負擔；重新去疲於應付各式各樣的要求；重新去揣摩每個人的內心需求，再以恰當的方式去給予回應；重新去努力讓自己德智體群美全面發展，每天為了變得優秀而奮鬥……一旦開始休息，就像跑完馬拉松的選手，想拉他們起來再接著跑，難如登天。當然，還有一個隱形的顧慮：父母現在對我這麼好，等我好了，他們又回到從前的樣子了，怎麼辦？

只有生病的時候，才能心安理得地滿足自己的內心需求，這何嘗又不是一種悲哀。

以如此悲觀的角度寫這篇文章的目的是：不要等到「乖孩子」出問題才慌了手腳，才去祈禱上蒼讓自己的孩子趕緊好起來。與其如此，不如在日常生活中多多關注孩子的內心需求，鼓勵孩子表達自己內心的想法，多一些陪伴。孩子的天性都是差不多的，你的孩子不會因為「懂

Story 04　乖孩子就不會拒學嗎？

事」，就能靠著牆壁自己長大。另外，要成為讓孩子信任的父母，正如著名心理學家溫尼考特（Donald Winnicott）所說，這是每一對父母都具有的潛能，只是在於你是否足夠信任自己的能力，能夠調整好自己的情緒，不為焦慮和恐懼所累，除此之外，每個人都能成為「足夠好的父母」。

　　孩子不願意接受，不願意交流怎麼辦？有句話我覺得放之四海而皆準：給一些時間，給一些耐心，慢慢來。

Story 05
過度保護與拒學有關嗎？

　　父母以保護的名義提出的要求，隱含著父母對未來巨大的擔憂、強烈的焦慮，這種焦慮會讓全家人都寸步難行。因為，隨著孩子的成長，父母會面臨「無助」和「失控」感，無法再像孩子小時候一樣有能力替孩子擺平一切，無法幫孩子安排好未來，而原來那個小小的人，也不再事事都聽自己的，開始叛逆、反抗，或者無視父母的意見。越是這樣，父母便越想介入，孩子就越逃避和對抗，最終兩敗俱傷。

　　孩子需要保護，需要建立安全感，這是天經地義的。如果沒有父母的細心保護，孩子就會像失去母鳥的雛鳥，很難長大。然而，到某個階段之後，「保護」可能就會演變成「逼迫」，適得其反。

　　一個媽媽跟孩子說：「我們沒有逼你學習，我們已經很忍耐了，我們只是擔心你，想保護你。」顯然，孩子一點都不領情。

　　這個高三孩子的媽媽異常焦慮，談到孩子的時候三句話不離手機：「你看她現在哪有高三孩子的樣子，回到家從來不寫作業，都是抱著手機在看，連吃飯都是戴著耳機，在玩遊戲。」「那天我說她天天看手機，不讀書，她還很委屈，在那裡哭，賭氣一句話不說，遞衛生紙也不接⋯⋯」「我們心裡真是著急，你說能不急嗎？我現在看她已經好了，沒有憂鬱了，還不努力就追不上了。我們不敢逼她，萬一她做出什麼極端的行為來，我們也很怕。」「我覺得她就是玩手機玩得不想讀書了，念不

Story 05　過度保護與拒學有關嗎？

好又有壓力，所以情緒出現問題，還是手機惹的禍。」

說了大概十分鐘，媽媽一直圍繞著手機反反覆覆地表達自己的觀點，恨不得立刻把手機從女兒手裡搶過來。好像只要把手機搶過來，女兒就能恢復積極上進，努力讀書。

這個女孩子很特別，第一次見我的時候，顯得很拘謹。交談過程中我習慣性地詢問了解她的家庭情況，問到了她的父母，一瞬間，眼淚便順著她的臉頰流了下來。我以為自己看錯了，為了不顯得過於大驚小怪，我沒有馬上反應，頓了頓，我問她：「不想談這個話題，是嗎？」她點點頭，眼淚流得更凶了，我遞了衛生紙，嘆了口氣，心中滿是疑惑。因為跟父母相處帶來各種情緒的案例也算是常見的，但像這樣提到「父母」二字便情緒觸發如此明顯的情況，確實少見。她的眼淚中，到底包括什麼情緒呢？可惜，她不願談論。

又一次，談到高三的緊張氛圍，她說現在記憶力很差，當時選擇自然組，主要是因為記憶力不好，卻發現自然組也有很多需要背的東西，讀起來越來越吃力，理化和數學都不太跟得上，只有英語稍微好一點。我想了解一下她對目前自己的學習狀況是否滿意，以及接下來的打算，便問：「那妳有什麼計畫或者打算嗎？」話一脫口，便看到她的表情有了變化，她臉色瞬間沉下來，不再說話，一直用牙齒咬著嘴唇，氣氛很尷尬。鑒於之前對她的了解，我補充了一句：「我不是逼妳一定要有計畫，我只是想了解一下妳目前的情況。」說完這句話，她眼淚又止不住地往下流，她不要衛生紙，只用手擦。彷彿滿心的委屈又被人觸動，眼淚不停地流。良久，她才說：「我不想談讀書的事情。」

這是個棘手的案例了，學習不能談，父母也不能提，那能聊什麼呢？進入她內心的大門似乎是完全關閉的，她又在門口貼上警示，告訴

你所有的鑰匙都不能用，我望著緊鎖的門，有些進退兩難。究竟是怎樣的成長經歷，會讓一個孩子的防禦如此之強，我又如何才能進入她的內心呢？

好幾次，在談話過程中，她突然不說話，接著便流下眼淚來，因為她以為我又在逼她，比如，逼她去說她不願意說的話題，逼她去讀書。我無比困惑，我確實沒有這樣的意思，只是想了解她的情況，想知道她為何會對「被逼迫」如此敏感。她在找我之前，曾經有一段時間天天睡覺，在課堂上睡覺，回到家繼續睡覺，無時無刻不想睡覺，父母快要急瘋了，但又什麼都做不了。

有一次，爸爸很焦慮地找到我，滔滔不絕地陳述他的觀點：「她現在這樣沒有動力怎麼行呢？現在一定要計劃一下未來才行啊，到底是要考大學還是休學，要不要轉換方向，大學畢業之後要工作還是繼續讀書，將來是找份穩定的工作還是創業，這些都要考慮清楚啊，她現在這樣什麼都不想怎麼行呢？」我默默地聽著，有些哭笑不得，按照爸爸的意思，孩子應該將未來十年、二十年的道路都想清楚，並從現在就開始做準備、鋪路，這樣才能保證萬無一失，穩妥安全。

然而，這的確是爸爸媽媽從小到大教育孩子的原則，為孩子未來鋪的路。到孩子差不多成年了，週末去找同學還是不被允許的，自己出遠門更是不可能。這個女孩子喜歡運動，打籃球，性格不拘小節，喜歡跟男孩子交流，女生的很多細膩心思她都無法理解，也不想花時間去揣摩，她更喜歡跟男孩子相處。這在父母那裡是大忌，他們不相信男女之間有純友誼，因此，她平時想跟男孩子往來是不被允許的，更不用說要跟異性週末約出去打場球了。從小到大，父母幾乎將工作之餘的全部精力都放在她的課業上，從國小開始，每一次考完都會第一時間打電話給

Story 05　過度保護與拒學有關嗎？

她，了解她的考試情況：「考得如何？考得不好要總結經驗，要更努力。」她很多時候不知道怎麼回答，只能聽著。考高中的時候，她對於考上前段公立高中是完全沒有信心的，認為自己的水準達不到，父母不甘心，為她安排滿了補習班，讓她認真努力，希望有所突破。可惜，最後還是沒有考上父母希望的高中。

身為家裡唯一的女孩子，父母恨不得把她撫養在溫室中，零食完全不能吃，因為她腸胃不好，父母對她更加保護，她平時吃得清淡而無聊。奇怪的是，她的腸胃並未因此變好。高中之前，她都沒有能上網的手機，用的是只能打電話的手機，現在她手上拿的是一支只能用 3G 網路的手機，所以大部分時間只能用來聽歌、打電話。她說自己好像跟同學活在不同的世界裡，國小的時候好不容易申請到通訊軟體，跟同學聊天卻因為不合適的用語被指責，比如說，「呵呵」、「哦」這一類文字是代表敷衍和不屑的，她完全不懂得。最新的娛樂新聞、流行趨勢、熱門話題，她都不知道，很難跟同學溝通。她彷彿是一個異類，格格不入。

和她關係好一些之後，我問她為什麼抗拒談論關於父母的話題，憑藉職業直覺，我知道這背後一定有難言之隱。她告訴我不知道什麼原因，只要一談到父母便會忍不住掉眼淚，她討厭流眼淚的自己，顯得很軟弱。而從小，她只要哭便會被父母罵：「哭什麼哭，哭就有用嗎？哭能解決問題嗎？」她從小就討厭哭，更不在父母面前哭。她不想談，不想流眼淚，說很討厭自己動不動就哭，比如，有人惹到她，她想去找對方理論，結果還沒罵出口，眼淚就掉下來了，所以現在即使被不公平對待，心裡很不爽，她也只是忍著，不說話，不爭辯，因為不想露出軟弱的一面。從小，只要她想反駁父母，表達自己的意見，只要開口說兩三個字，媽媽便劈頭責罵，理由很簡單：「父母教育妳不是為了妳好嗎？難

道父母會害妳嗎？」久而久之，她便放棄爭執和表達，全部聽從父母的安排。

她很喜歡畫畫，也有老師說過她畫畫還算有些天賦，高二的時候，她鼓起勇氣跟父母提出想學美術，想讀藝術學校，父母二話不說，直接否定了：「妳以為靠畫畫養活自己那麼容易嗎？妳畫畫都是模仿別人，沒有創意，沒有靈氣，這條路行不通的。」無奈，她只能放棄，選擇讀普通科。

這是一對傳統的父母，像我們常見的父母一般，竭盡全力保護自己的孩子，讓她避開所有的傷害和危險。關於她的未來，父母也異常焦慮，希望早早幫孩子找到人生方向，找到一條安穩的路，讓孩子一帆風順地好好生活下去。只要稍有偏離，稍有危險顯現，父母便覺大難臨頭，想方設法讓孩子脫離「危險」處境，為此不惜使用一切方法，用得最多的就是——罵。就像常見的父母見到孩子出去玩，弄傷了膝蓋，哭哭啼啼地回來，父母見到的第一反應自是心疼，但轉念之間，便覺得需嚴厲教導孩子，讓她不敢再犯，於是便一頓臭罵：「誰叫妳自己出去亂跑，看妳下次還敢不敢！」我能感受到這個女孩的父母對她的關心，可惜的是，這份心意沒有傳達到孩子心中。

這樣的保護，換不來理解和感激，只會引來被壓抑的憤怒和理所當然的索取。

保護怎麼變成「逼迫」了呢？過度保護孩子的家長，似乎從來沒時間認真地看看自己的孩子：多大了？長多高了？哪些事情可以自己做了？哪些能力可能已經超過家長了？他們悶著頭，一往無前，按照自己心中孩子應該的樣子去跟孩子相處，去代替孩子做決定：「你還小，你還不懂事，等你以後長大了就懂了。」

Story 05　過度保護與拒學有關嗎？

　　所謂逼迫，就是勉強對方做不願意做的事情，當然，很多時候這種勉強是出於保護，出於愛，「埋頭苦愛」，從不抬頭看看身邊，關注一下孩子的回饋和情感；執著而悲情，不撞牆不回頭，甚至撞了牆還要一意孤行，一腔孤勇，可嘆可悲。

　　遺憾的是，大部分時候是父母越逼，孩子越退縮，甚至越叛逆。父母以保護的名義提出的要求，隱含著父母對未來巨大的擔憂、強烈的焦慮，這種焦慮會讓全家人都寸步難行。因為，隨著孩子的成長，父母會面臨「無助」和「失控」感，無法再像孩子小時候一樣有能力替孩子擺平一切，無法幫孩子安排好未來，而原來那個小小的人，也不再事事都聽自己的，開始叛逆、反抗，或者無視父母的意見。越是這樣，父母便越想介入，孩子就越逃避和對抗，最終兩敗俱傷。

　　另一方面，被父母過度保護的孩子，很少有自己實踐和感受的機會，成功的經驗更是少之又少，難以建立對自己能力的客觀評估，遇到困難更易逃避。

　　我總是告訴父母：「你不可能代替孩子完成所有的任務，這不切實際。」父母也需要接受自己的無能為力，不可能永遠為孩子保駕護航，享受由此而來的成就感和掌控感。孩子需要長出羽翼，才能應對風雨，而不是父母不斷催促、全面規劃，就能讓孩子一帆風順。

　　很多哺乳動物都是這方面的榜樣。比如「皇帝企鵝」：當小企鵝的食量增大，企鵝父母不得不雙雙離開冰面去海裡尋找食物的時候，會推小企鵝離開自己溫暖的懷抱，當小企鵝因為寒冷想再次回到母親身邊時，母親會用自己的嘴再次推開小企鵝，小企鵝再跑回來，母親會再次將其推開，直到小企鵝放棄向父母尋找溫暖，自己顫顫巍巍地站在冰面上為止。人類因為具有更多智慧和能力，能夠為幼小的子孫提供更多的便

利，因為更易「心軟」與「擔憂」，更易不自覺地去保護，孩子也就習慣一遇到危險就躲回父母身邊。他們永遠不相信自己有獨當一面的能力，總是在不斷糾結、懷疑、焦慮中蹉跎時光。

　　放手，大概是很多父母都明白的道理，然而，父母真的明白這一舉動的重要性嗎？真的做到了嗎？

Story 06
孩子不上學，罵醒他？

　　每個拒學的孩子，總少不了挨罵，或早或晚，或是持續地低強度攻擊，每天都遭受一小頓數落、抱怨；或是長久忍耐的集中爆發，父母在耐著性子等待幾週幾個月之後，發現孩子無法正常上學，而且天天手機不離手，忍無可忍之下，在某天相約來到孩子的房間，集中火力罵上一兩個小時；抑或是家中永遠不爆發戰爭，但持續著低氣壓，每個人都小心翼翼、沒有笑容地過著每一天，用孩子的話說：「你還不如罵我一頓。」

　　一個國二的女孩子，跟我控訴了很久父母在她剛休學那段期間對她的「折磨」。女孩爸爸長期不在家，主要由媽媽來照顧她。小時候她是眾人眼中的乖孩子，只不過經常會裝病請假，但對媽媽很照顧，出門都是自己保護媽媽。父母對其成績要求極嚴格，國小時考了 99 分都要被責問：「那一分是怎麼回事！」好在國小時課業簡單，加上天性聰明，她成績一直都還算好。

　　上國中後可謂諸事不順。她先是住校不習慣，跟室友相處不好，三天兩頭打電話給媽媽，想回家，媽媽只能安慰鼓勵，偶爾也接她回家。某一次她直接從教室裡出來，在警衛室坐了將近一天，誰勸都沒用，老師沒辦法，只好打電話讓媽媽來接。她眼淚汪汪地好不容易盼來了媽媽，正想得到媽媽的安慰，但當著老師的面媽媽並不太理會她，只是一直跟老師道歉。等老師一走，回家的路上，她被罵了一路，「不懂事，不

懂得體諒父母的辛苦，自私自利……」幾乎所有能想到的負面評價都扣在了她的頭上。逐漸地，她讀書也吃力起來，成績達不到父母的期望，再怎麼用功讀書也起色不大，再加上國小時習慣隨便學學、隨便聽聽的模式，對於國中深入思考的學習方式，完全不適應。她特地說了一件事：有一次她發奮努力，幾乎就要不眠不休了，考試成績從年級排名一百多進步到五十幾名，家人只是讓自己繼續努力，也沒有誇獎和鼓勵自己。父母後來的解釋是：「我們當時覺得以她的能力，全年級五十幾名其實不算什麼，她還可以考得更好。」她沒有得到想要的肯定和支持。

後來，情況更糟了。她在學校跟老師發生衝突，體育老師冤枉她上課講話，她就跟體育老師頂嘴，被導師教訓。她經常因為在宿舍講話、不交作業等原因被請家長，媽媽每週要被叫到學校兩三次。常年不在家的爸爸指責媽媽：「什麼都不用做，不過就帶個孩子還把孩子教成這樣！」經濟大權掌握在爸爸手裡，媽媽一聲也不敢吭。接著，家裡出現了很多「熱心人」，所有親人都洞察一切地指出：媽媽不會教孩子，是太寵孩子才把孩子弄成這樣的。面對親戚、長輩，媽媽依然不敢吭聲。媽媽每次接到老師電話，都會心跳加速，但也只能硬著頭皮去學校，要不接孩子回家，要不就領教一番老師的數落，痛訴孩子的種種墮落。

媽媽在著急、羞憤之下，便多次動手打孩子，但孩子性格倔強，打得再重都一聲不吭，也不認錯，不過事後會自己偷偷躲在被子裡哭，也經常在學校、廁所和宿舍裡哭。家人完全不知道，只是覺得女兒頹廢了，自暴自棄，想盡快罵醒、打醒她。她說：「我在國小是風雲人物，到國中也還是風雲人物，只是當風雲人物的方式不太一樣。」國小的時候她是老師和家長的寵兒，現在是人人嫌棄的對象。成績下降之後，她也不再敢跟上進的同學玩，只結交同年級不讀書，整天談戀愛的一幫同學。

Story 06　孩子不上學，罵醒他？

因為仗義，肯幫助人，她在這個團體裡頗有威望，漸漸找到了久違的歸屬感和認同感。父母生氣的時候會經常說：「不管妳了，妳想怎樣就怎樣吧。」她面無表情地聽，然後說：「心理上知道他們不會不管我，但是已經心寒了，自己就慢慢放棄自己了。」

這是一個惡性循環，一個死胡同。想要罵醒一個孩子，原本就是目標和方式南轅北轍的徒勞旅途，不可能到達目的地。

當然，罵是一種滿含憤怒的表達方式，而這種憤怒，其實可以有多種表達形式，除了破口大罵，也有不斷地嘮叨指責，看似不帶情緒，卻句句如刀，傷人不見血。為了增加殺傷力，可以配合眼淚和滿臉愁容，此種方式所引起的愧疚、自責之深刻、之持久，超乎想像。

不止一個孩子告訴我，當他們的父母痛苦絕望地望著他們，眼睛裡都是淚水，卻又拚命掩飾著痛苦，有氣無力地細細述說：「你到底想怎樣？你是不是要把我們全家都逼死了你就開心了！不過就是上個學嗎？有那麼難嗎？別人都可以，為什麼你不可以呢？」他們告訴我，聽到這樣的話的時候，在某一瞬間會很茫然：「我想怎麼樣？我沒想怎麼樣啊？」接著會有蝕骨的寒冷和絕望：「很多時候會想，是不是我消失了就好了，就不會為他們增加負擔了，大家都輕鬆了。」整個過程，完全看不見刀光劍影，卻字字攻心。

也有一種進攻方式是「以退為進」，主攻防守，最有利的武器是自己精心打造的盾牌。

為了自保，父母隨時隨地準備著盾牌，盾牌會自動辨識危險，而且這種辨識往往過度敏感，經常將路過的飛鳥、蚊子、昆蟲都當成危險和攻擊，因而立即啟動防禦機制，拚命抵擋在外。在抵擋的過程中，為了確保防禦完全，將攻擊物遠遠彈開，必然會增加力量。於是，對面的人

被誤傷的可能性會非常大。而最容易受傷的，通常是沒有任何保護措施和工具，又對父母絕對信任的──孩子。

這個女孩子跟我說，爸爸對她的成績要求非常高，沒有上過大學的爸爸，將成績看成一個解決所有問題的萬能藥，將大學校門看得神聖無比，誓言要將孩子順利送入大學校門，光耀門楣。因此，她告訴爸爸自己人際關係出現問題，在學校被孤立、排斥，爸爸給她的回應是：「妳好好讀書，成績好了自然就有很多人請教妳，自然就能交到很多朋友。」她覺得數學老師不喜歡自己，忽略自己，得到的回覆當然也是：「妳努力學習，把成績考好一點，老師自然對妳刮目相看。」遺憾的是，這個女孩並不是一個擅長讀書的孩子，到國中之後，拚命努力成績也不見起色，時常被責罵，甚至因為成績而被打。

後來，她被確診憂鬱症，一開始爸爸很難受，哭著跟她說：「妳沒有病，都是爸爸的錯。」然而，雖然做了這樣的表達，卻沒有任何的改變，還是天天盯著她讀書，她只要沒有讀書，無論做什麼事情都會被罵。而一兩個月之後，爸爸彷彿想通了：原來自己沒有問題，都是孩子的問題。他找到了兩個有力的證據：不認真上學和玩手機。孩子憂鬱休學，他每天跟孩子說的最多的話便是：「妳要自己調整，恢復正常的生活，不要給我添麻煩。」並且堅定地相信：「妳哪有什麼病？都是玩手機害的。」的確，在休學期間，她幾乎不出門，每天躲在自己的房間裡，看喜歡的漫畫。她說：「漫畫裡是美好但不真實的世界。」我以為是因為裡面有這個年齡的孩子喜歡看的愛情故事，於是便問：「是因為書裡面有美好的愛情嗎？」她搖搖頭：「不是。」接著解釋：「裡面的人物錯了會說是自己錯了，是真誠地承認，而現實中的人不會這樣。」

她對爸爸有很多的憤怒，幾乎不跟爸爸說話，覺得他說話從不算

Story 06　孩子不上學，罵醒他？

話。然而，在她非常憂鬱，對什麼事情都不感興趣，情緒長時間處於麻木狀態，哭都哭不出來的時候，仍想嘗試看看能不能回去上學。她說在想上學的第二天晚上，便做噩夢自己去上學。坐在教室裡便覺得喘不上氣來，胸口極度壓抑，夢裡跑到辦公室找媽媽，接著便嚇醒了。我感到奇怪，她明明幾週前剛辦了休學一年的手續，大部分孩子在這樣的時候都會完全安下心來，不再想上學的事情，反正一年的時間很長，而她卻仍在糾結，這很特別。她說：「我想恢復正常的生活，不想成為家裡的累贅和麻煩。」我恍然大悟，她表面反感和疏遠爸爸，其實仍在意他說的話，並且全盤接受。

她說：「既然他們都說不是他們的錯，我想了想，那就應該是我的錯了。」我發現這個推理過程沒有明確的邏輯，再三詢問，她也無法描述，她像自動轉化一般，將爸爸因為自保放出的箭，不加阻擋地完全自己承接。她說：「不管我跟爸爸說什麼委屈，最後的結果都會變成是我自己的錯。」真是一種神奇的阻擋和轉換的能力。比如，要是她告訴爸爸同學們對自己不友好，爸爸便會說：「誰叫妳成績不夠好，妳成績再好一點，就會有很多同學向妳請教，人際關係自然也就好了，成績差的學生是肯定沒有朋友的。」久而久之，爸爸這種想法演變成了她的思維模式。

俗話說：「傷敵一千，自損八百。」主動發起進攻，或者靠著悲戚哀愁弱弱地進攻，多少對自己都會造成略微損傷。自保，卻是光明正大、名正言順的：「本來就是妳自己的問題，不要扯到我身上。」家長一身輕鬆行走於家庭江湖之中，瀟灑而從容，當然，也就無暇顧及那個弱小的孩子是否會被誤傷。即使發現孩子被誤傷了，也大可以解釋為：「我又不是故意的，是妳自己要接受的。」合情合理，無可反駁。

然而，你的孩子跟你互動的目的真的是要證明你是錯的，讓你跟她

低頭認錯嗎？這是一個面臨外界種種困難，無法回到學校的孩子最深層的需求嗎？是一個遍體鱗傷，卻仍然對家人抱著期待的孩子真正想要的結果嗎？你服輸，你跟她道歉：「我錯了。」對她真的有意義嗎？

換個角度講，面對至親的骨肉，真的有必要時時拿著盾牌，保持著警戒嗎？她會刻意傷害你嗎？還是我們只是習慣了防禦，習慣了自保。

不斷自責是自己錯了的孩子，或者只是希望你看一眼她的傷口，抱起她安慰一番，感受一下她身上的痛，讓她感覺到家人是跟她在一起的，是會保護她、心疼她的，便足矣。當然，如果下次你再舉起盾牌的時候能夠稍稍猶豫一下，思考一下，關注一下對面那個弱小的孩子的反應，將是「善莫大焉」。

放下你的盾牌，以心換心地去與孩子真誠溝通，去傾聽她內心的想法和感受，去無條件地接納她的無助和羞愧，真的沒有那麼難。

無論是直接攻擊的「打罵」，還是隱形攻擊的「悲傷」，又或者是無心之過的「擋箭」，從本質而言，都是把孩子當成敵人，當成要攻克的堡壘，當成不可溝通、不思進取、冥頑不靈的對象，是隔著距離的推測、試探，沒有真正蹲下來聽聽孩子的心聲。

這樣的鬥爭，贏了又如何？孩子真的去上學了又如何？

Story 07
孩子不想上學，尊重他？

這也是困擾很多家長的問題，一旦孩子不想上學，身邊就會莫名冒出很多熱心人士，積極地出主意，表達觀點：「孩子不上學就算了，你自己不是也只有國中畢業嗎？」「還是要尊重孩子，逼他要是逼出問題來怎麼辦？」「人生也不是只有上學一條出路，你看很多名人也不一定都是高材生，也有很多輟學的。」「不上學就讓他待在家裡，等他某一天想通了自己就會去找出路了。」還真有家長認為大家說得有道理，乾脆就讓自己的孩子休學在家，徹底地放鬆放鬆，靜待花開。

不是提倡民主，提倡尊重孩子的個性，尊重孩子的想法嗎？為什麼要反覆談拒學問題，誰規定每個孩子都必須上學？孩子難道不能有自己選擇人生道路的權利嗎？

這也是困擾很多家長的問題，一旦孩子不想上學，身邊就會莫名冒出很多熱心人士，積極地出主意，表達觀點：「孩子不上學就算了，不是也只有國中畢業嗎？」「還是要尊重孩子，逼他要是逼出問題來了怎麼辦？」「人生也不是只有上學一條出路，你看很多名人也不一定都是高材生，也有很多輟學的。」「不上學就讓他待在家裡，等他某一天想通了自己就會去找出路了。」還真有家長認為大家說得有道理，乾脆就讓自己的孩子休學在家，徹底地放鬆放鬆，靜待花開。

的確，有很多名人都中途輟學。

三毛算是其中的典型代表。說起三毛退學這件事，還得從三毛國二時的一堂數學課說起。三毛是一個文科成績明顯比理科好的孩子，但在面對數學這個「攔路虎」時，幼小的三毛沒有想過退縮。為了把提升數學考試的分數，三毛把課本後面的習題一道道背出來：因為她發現數學老師每次出的考試題目，都來源於課本後面的習題。發現這個祕密後的三毛，憑藉驚人的記憶力，把課本後所有的習題包括答案都背了起來。

結果，三毛那段時間一連考了 6 個 100 分。

平時連及格線都難以達到的三毛，引起了數學老師的注意。有一天，在兩節數學課之間的休息時間，老師把三毛叫到了辦公室，要她臨場寫一張全新的數學試卷，規定她 10 分鐘內把一些習題演算出來。且不說這張試卷是國三的，就憑三毛死記硬背的數學功力，她也只能束手無策。在乾坐了 10 分鐘後，三毛告訴老師：她不會寫。可是，回到教室後，數學老師並沒有罷休，她拿著墨汁和毛筆在三毛的兩隻眼睛周圍畫上了兩個大圓圈！意思是三毛只會吃鴨蛋（即考零分）！這樣還不夠，整整一節課，三毛就一直站在教室的角落，直到下課，更要命的是，這位數學老師下了課還叫三毛「帶妝」到操場上繞一圈再回教室。小小的三毛哪有反抗老師的意識和勇氣？眾目睽睽之下，三毛乖乖繞操場一圈後回到教室。

這件事對三毛的打擊相當沉重，它成了迫使三毛徹底離開校園的最後一根稻草，原本三毛也經常逃學不願去上課。自此之後，三毛無法再在學校正常上課，每天早上想到自己要去上學，三毛就反射動作似的昏倒並失去知覺。

因為這樣的狀態，13 歲的三毛只能退學。

退學後的三毛也自我封閉了很長時間，甚至想到以極端的方式結束

Story 07　孩子不想上學，尊重他？

生命，在手腕上留下了 28 針的傷口。三毛的父母都是非常有修養的文化人，不僅讓她轉入美國的學校學習一些才藝，還帶她向各路名家學習畫山水花鳥之類的畫。在三毛退學後的求學生涯中，對她人生軌跡影響最大的，其實並不是她父母帶她拜師求藝的這些名家，而是一位年輕的畫家，名叫顧福生。這個人對三毛有莫大的影響，不僅對她有知遇之恩，更有療癒創傷之效。在師從顧福生門下的這些日子，一直封閉在自我世界裡的三毛開始變得開朗愛笑起來。同時，找到了她的繆思女神──文學寫作。

講這個例子主要有以下幾個目的。

第一，退學對於任何一個孩子都是巨大的打擊，即使是對於三毛這樣從小便很有個性和想法，早早展露對文科的天分的孩子而言也是如此。與眾不同，對孩子而言是沉重的負擔，需要極大的信心和能量才能承擔。見過那麼多休學的孩子和家庭，真的在家裡過得如魚得水，有理想有目標，合理安排時間、生活和學習，走上另外一條自我實現之路的幾乎沒有。拒學，常常伴隨著明顯的情緒和行為問題，會是很多孩子成長過程中最大的挫敗。休學、退學，很難成為真正解決問題的方式，它更像是在掩蓋、逃避問題，這樣的應對模式一旦形成，會直接影響孩子未來的人生發展。

第二，是否每個孩子都像三毛一般擁有過人的天賦？三毛除了文字能力了得，也非常有畫畫天分。

第三，三毛的父母是知識分子，有經濟條件，有人脈，有思想，能夠帶三毛去美國學習，去拜訪各路名師。試問，有多少普通家長有這樣的能力？面對一個學齡期天天在家的孩子，該怎麼安排他的時間，怎麼讓他繼續堅持學習，不至於在基本能力上落後於同齡人？可能有人會說現在是網

路時代,大把線上學習的課程和資源經濟實惠,大可以讓孩子在線上學習自己感興趣的課程。不可否認,這是時代的進步,然而,線上學習最大的缺陷是無法考查和督導,學與不學,學的效果如何,根本不可能評估,更不要提師生之間其實需要情感的連繫,這些都是無法實現的。

接受應試教育的孩子,大多都已經習慣由學校安排學習時間,有的學校幾乎精確到分鐘地去規劃孩子在校的安排,孩子不需要自主學習,不需要規劃時間,不需要安排學習進度。孩子在家有家長安排和督促,在學校只要跟著老師的節奏和進度就萬事大吉。休學之後,面對大量的空閒時間,很多孩子一開始都覺得新奇和興奮,通宵玩遊戲,日夜顛倒,但一兩個月之後,遊戲玩膩了,覺也睡夠了,空虛感隨之撲面而來。想自學技能,大多都是三分鐘熱度,難以堅持。缺乏良好規劃能力和習慣的孩子,面對每天的時間空白是不知所措的,不知道如何過才有意義,怎麼做才能讓自己覺得「光陰不虛度」。

第四,休學的孩子真的會在某一天頓悟,進而奮不顧身去追尋自己的理想和未來嗎?很遺憾,我們看到的大部分都是節節敗退的例子。比如,一開始只是去不了學校,漸漸就可能變成出不了門,接著就是基本上不出房門,後來乾脆就天天窩在自己的床上,日夜顛倒,生活混亂。逃避、退縮,讓青少年欲罷不能,越逃避越自責,越自責越無法改變,陷入惡性循環。青少年群體是尚在成長中的族群,必要的引導和教育對其是十分必要的,也是他們需要和期待的。上不了學,是他們遇到的困難,他們需要的是成人幫助他們一起去解決,而不是直接帶著他們逃回家裡。

也許有人會說,以前的人那麼多國小沒畢業,國中沒畢業,十幾歲就待在家裡,玩了一兩年不也都出去工作了嗎?還不是照樣養活自己?也不是每個孩子都能出人頭地的,只要養活自己,不成為社會的負擔就

Story 07　孩子不想上學，尊重他？

行！現實是，隨著社會經濟的發展，現在的孩子已經完全沒有生存壓力，在他們的成長過程中從未經歷過物質的短缺，沒有過吃不飽飯的生存恐懼，沒有最原始的動力推動他去學習和振作起來尋找其他出路。父輩累積的物質財富，父輩吃過的苦，讓他們本能地去保護孩子，為孩子提供最大的支持，這一代孩子為了解決生存問題而去工作的動力，已經明顯下降。待在家裡，最後淪為「啃老族」的可能性會更大。

　　我再談一個 7 歲孩子的例子。這個孩子在上一年級時出現明顯的適應問題，一到上學的時間就嘔吐，還在家裡不停哭鬧，一路上都乾嘔，一直到走進教室裡，才能稍微平靜下來。父母從沒遇到過這樣的情況，幾乎六神無主了，「熱心」的朋友在這時候就及時地出現了。這個朋友的觀點非常開放民主，一方面他跟夫妻倆告誡逼迫孩子的種種惡果，還舉出新聞上憂鬱症之類的例子；另一方面，大談特談民主、尊重的重要性，表明現在的孩子都非常有想法，國小生已經比以前的高中生更有想法，更有主見了，並且再三強調：「尊重，一定要尊重，懂嗎？」本來就不知所措的父母聽了這一番話，哪裡還敢不照做，立刻就替孩子請了一週的假，告訴孩子千萬不要有太大壓力，好好放鬆，什麼都不要想。這一週時間裡孩子簡直到了天堂，每天在家玩遊戲，睡到自然醒，父母伺候著吃吃喝喝，想要什麼父母也都盡量滿足。當然，他也答應得非常好：「下週一一定去學校。」父母滿懷期待，等著他休息好之後正常回歸學校。

　　從表面上來看，給孩子請了假，他不嘔吐了，也不哭不鬧了，家庭似乎恢復了和諧，氛圍也不再那麼緊張。這樣的轉變，對處於焦慮緊張中的父母而言，也是必要的放鬆。每天跟孩子糾結上學的事情，也是非常令父母崩潰的，做出這樣的選擇，有時候也是父母的內心所想要的：寄希望於奇蹟出現，孩子說話算話，只是稍微放鬆一下，一切就迎刃而解。就像很多父母一遇到孩子心情不好，就帶他們出去旅遊一樣，期待

著短暫的放鬆能解決根本性的問題。然而，這充其量只是一個轉移注意力的方式，不可能真正達到改變現狀的目的。

一週之後，原本只是偶爾請請假的孩子，完全去不了學校，一走到校門口就大哭大鬧，誰勸都沒用，校長在校門口接他，老師在校門口等他，讓他最好的朋友帶他一起進校門，都沒用。他一到校門口就抱著那個大柱子，死也不放手，恨不得跟柱子長在一起。軟的不聽，硬的反抗，每天早晨上學的時候都像打仗一樣，一番抗爭之後，父母只能再次妥協，於是他得以回到家裡，再次獲得一天的假期。如此這般，整整一個月只去了兩三天學校，父母著急到不行，各處求醫，孩子卻像沒事人一般，過得非常逍遙自在。

在這裡，我們要說的是，當孩子體會到了逃避困難的輕鬆和愉悅，知道有人會想辦法幫助他阻擋壓力的時候，這就會成為一種欲罷不能的經典模式，他會想方設法維持這樣的模式，而不是像我們理想狀態中那樣去主動挑戰自己，戰勝困難。趨吉避凶是人之常情，而對認知發展尚未成熟的孩子而言，舒舒服服地待在家裡，肯定比去面對學校的壓力要來得令人愉快，至於未來和前途，一個幾歲的孩子是很難看得那麼長遠的。

綜上而言，如果你不是已經具備足夠好的條件，可以保證安排好孩子在家裡的時間，能夠幫孩子蒐集足夠多的資源，有信心陪伴孩子在一次次不斷的退縮中不放棄前進的希望……最好不要輕易鬆口同意孩子不上學，特別是年齡尚小，幾乎沒有發展出足夠的判斷力和思考能力的孩子。孩子是需要父母幫助他們指引大的方向，引導他們去進步和克服自身弱點的。

這是成長的一部分，也是作為父母責任的一部分，與尊重無關，與民主無關。

Story 08
孩子拒學，都是父母的錯？

不知道從什麼時候開始，父母成了孩子所有問題的「罪魁禍首」。孩子有憂鬱症，肯定是父母教育方式不恰當，沒有關心孩子的內心感受，父母太自私、太功利，只要求孩子學習成績。孩子成績不好，肯定是父母沒有認真輔導、嚴格要求孩子，沒有幫助孩子養成好的讀書習慣，沒有找好的補習班，天天忙自己的工作，根本不關心孩子。孩子不懂禮貌、不孝順，父母更加難辭其咎，什麼樣的父母教出什麼樣的孩子，父母是「原稿」，孩子是「影印本」，沒有素養的父母，怎麼能教出高素養的孩子？

這一代的父母果然難當，為了能讓別人滿意，為了做一個稱職的父母，拚盡全力，投入的時間、精力、金錢，遠超以往。養育一個孩子，比以前養育十個孩子還要累。為了養好孩子，放棄了休息時間，放棄了自己的夢想，放棄了自己的生活，真正算得上「鞠躬盡瘁」。然而，結果也只能祈禱上天保佑，畢竟，養孩子不是種田，只要控制好土壤、溼度、溫度和陽光，就能保證長出好的作物。

在拒學的問題上，父母更是百口莫辯：為什麼別人的孩子都不拒學，只有我家孩子拒學？焦慮、自責、相互指責，瀰漫在每個拒學家庭的任何一個角落。

我見過太多這樣的家長。

一個國小升國中時出現情緒問題，休學一年的孩子，無時無刻不在指責媽媽：「都是妳當時報了那麼多補習班，不斷逼我讀書，最後才把我逼崩潰了，現在我學不了，你滿意了吧？」除了耿耿於懷上學的事情，媽媽的一舉一動兒子都不滿意：「說話猶猶豫豫的，不知道心裡在想什麼？」「整天板著一張臉，不知道有什麼不開心的，我都這樣了，還對我不滿意！」說到激動的時候，還砸東西、捶牆、踢門，家裡誰勸都沒用，誰都不敢靠近，有時一鬧就是一兩個小時。媽媽也不斷自責，深以為都是自己的錯，都是自己當時不斷逼孩子，不斷為孩子報名補習班，不斷要求孩子考更好的學校，害了孩子。在兒子面前頭都不敢抬，每說一句話都小心翼翼的，要深思熟慮，生怕惹孩子不高興。媽媽帶著自責對孩子百般彌補，跟孩子說話輕言細語的，還答應了原本知道不應該答應的要求。

　　做家族治療的時候，媽媽每當想開口說話的時候都會先看看我，用詢問的眼神望著我，像一個因為做錯事而不知所措的孩子。我對她點點頭，說：「妳想說什麼就說，沒關係的。」媽媽才鼓起勇氣，吞吞口水，思索再三，說一兩句話。當然，很多時候話還沒說完，就被孩子搶過去：「你看看，連個話都說不清楚。」媽媽便立刻停下來，不敢再繼續說下去。

　　一個上國二的孩子因為分班之後在新班級不適應，加上嚴重的社交恐懼，休學在家之後，父母經歷著煉獄般的生活。孩子不上學，三姑六婆、七大姑八大姨、左鄰右舍都加入，熱心到讓人有些無法接受。一個說：「是他們太寵孩子，不逼孩子去上學，不能什麼都寵著、順著，該逼就要逼。」又說：「不上學就讓他去工作啊，讓他天天閒在家玩遊戲，太不像話了。」又說：「還是你們不忍心，要是我的孩子，早送他去工作了，讓他吃吃苦，就知道上學的好了。」連媽媽的姊姊也抱著同樣的觀點：「我

Story 08　孩子拒學，都是父母的錯？

早就說過你們夫妻倆，對孩子要嚴格一點，什麼都遷就他，要買電腦就買電腦，想玩遊戲就玩遊戲，現在長大了，管不了了吧？」甚至有親戚直接說：「這樣的孩子，就是欠打，多打幾頓，我看他還敢不聽話，小小年紀不上學，成何體統！」……

總之，每句話聽來都像是關心，卻又都暗含著指責。指責父母教子無方，指責夫妻倆太心軟，指責他們不忍心孩子吃苦。言下之意，這樣的孩子落在他們手裡，保證早就教訓得乖乖聽話。

是的，在指導他人的時候，每個人都是「專家」。

這對父母每隔一段時間就希望跟我交談一次，名義上是了解孩子的情況，交談的時候就滔滔不絕地表達他們的擔憂，媽媽有時候忍不住便偷偷轉身哭。媽媽說：「只有當著醫生能說這些話，身邊沒有人會理解，都以為是我們不忍心、太寵，人家又都是好心，我們也不能說什麼，只能聽著。」時間長了之後，孩子會主動提出讓我隔一段時間跟父母談一下：「我覺得他們比我壓力還大，還焦慮，你安慰一下他們吧。」

我認識一個全職媽媽，上國三的女兒休學之後，全家人都將矛頭指向了媽媽，毫不掩飾地指責媽媽沒把孩子教好。爸爸一直在外地做生意，媽媽帶著兩個女兒，小女兒沒辦法上學之後，各種指責、建議幾乎要將媽媽淹沒。爸爸幾乎一年只回家幾次，但是事業有成，在金錢方面保證給家裡最大的支持，孩子拒學之後，爸爸第一個跳出來指責媽媽：「慈母多敗兒，看你把孩子教成這無法無天的樣子，想怎麼樣就怎麼樣。」女兒看不過去，替媽媽出頭，指責爸爸，爸爸不敢跟女兒正面對峙，變本加厲地罵妻子：「妳什麼都不用做，就帶個孩子還教成這樣，我真是倒了八輩子楣才娶了妳！」媽媽只是哭，一句都不敢反駁。

承受著巨大的焦慮和委屈的媽媽，將憤怒和委屈全都傾倒在孩子身

上，孩子休學在家的期間，媽媽動不動就發脾氣，嚴重的時候就直接打孩子一頓，家裡的衣架都打斷了好幾個。打完了孩子，看著孩子身上的傷，媽媽自己就哭，看著孩子腿被打腫了，不忍心，要替女兒擦藥，女兒不願意，媽媽哭得更厲害。媽媽雖自責後悔，然而過幾天，又再次情緒失控，同樣的事情再次上演。原本遇到困難第一時間想到媽媽的女兒，在休學期間，跟母親相處發展到水火不容，覺得自己徹底孤立無援，好幾次有輕生的舉動。

除了他人批評，也有主動進行全面自我批評的，全家人都在比誰自我檢討得更狠。有個擺沙盤追求絕對整齊，反覆調整的 7 歲男孩，他的爸爸在看到他擺的沙盤之後，不斷感慨：「這擺得太整齊了，這太累了，我以前完全不知道他過得這麼累，都是我的錯，以前對他要求太嚴格，總是要求他什麼都要做到最好，還動不動就對他發脾氣，把自己工作上的壓力發洩到他的身上，我真的太不應該了。」我跟他回饋孩子正向特質：「也不全是不好的，一個 7 歲的孩子，能夠站一個多小時，反覆調整，堅持把自己的沙盤擺到滿意為止，這份耐心和毅力不是這個年齡的孩子都有的，而且他的思路很清晰，很早就規劃好了自己沙盤的結構，這些都是優勢。」爸爸點了點頭，眉頭仍然緊鎖著，接著說：「但是太工整了，太追求完美了，太累了，都是我造成的。」我無奈地笑笑，不清楚爸爸是否有聽到我的話，他的全部意識和無意識都在拚命自責，深刻檢討，恨不得把自己放到臺上，讓大家都唾罵一番。在他的眼中，自己對孩子犯下了不可饒恕的錯誤，自己有罪，孩子現在不願意上學，都是自己一手造成的，自己應該負全責。

然而，孩子邀請父母看他的沙盤，其實是希望向父母展示他一個多小時認真創作的成果，希望聽到父母的讚嘆和肯定，爸爸卻只能勉強說

Story 08　孩子拒學，都是父母的錯？

一兩句：「擺得很漂亮，擺得好認真。」之後，就再也找不到其他的詞語。大概他滿腦子都是「太完美」、「太累」、「太整齊」、「都是我的錯」……

與此相對應的是行為上的改變。原本對兒子處處挑剔，有點潔癖，比較追求細節的爸爸，在跟兒子相處的時候完全走向了另一個極端。雖算不上有求必應，但只要孩子稍一不高興，爸爸就會變得不知所措，不斷地問孩子：「怎麼了？怎麼不開心？爸爸說錯了什麼嗎？」兒子一言不發。爸爸接著說：「如果我有說得不對的地方你就告訴爸爸，爸爸改，爸爸一定改，都改。」兒子還是不說話，爸爸幾乎要抓狂，坐立不安起來。有時候要求得不到滿足，兒子不高興，又哭又鬧，甚至動手打父母，打媽媽的時候媽媽還會抓住兒子，表達說：「好痛。」並且稍微教育一番。打爸爸的時候是另一番樣子，爸爸只是坐著，不動也不躲，就任憑孩子一直打，打到他消氣為止。有時候實在被打得太痛，對兒子說了一兩句重話，也後悔不已：「對不起，爸爸沒有控制好自己的情緒，說話又大聲了。」眼看著這個長相清秀、斯文的孩子變成了家裡的小霸王，夫妻倆除了嘆息，別無他法。

也許有人會說：「孩子上不了學，難道父母沒有責任，家庭沒有責任嗎？」當然不是。自始至終，我都無意替父母開脫和免責，不是要證明父母沒錯，不是要高舉「保護父母」的大旗，鼓勵家庭不要改變，支持父母不要反思，更多的是期望為人們呈現可能出現的不同極端，無論是「父母永遠是對的」，還是「父母應該承擔所有的責任」，走向極端的歸因，都是百害而無一利。

這樣一來，父母越來越焦慮，越來越不知所措，遍地都是「失敗的父母」、「無能的家長」、「罪惡的雙親」，父母開始懷疑自己是否有成為合格父母的能力，陷入深深的自我挫敗之中。強大的自我挫敗，只會造就

小心翼翼，造就「家庭霸王小孩」，並不會提供適合孩子成長的理想家庭環境。

　　我始終相信，每一對父母，都具備一些作為父母的基本特質以及天性，這是所有哺乳動物繁衍的本能。出現偏差，只是因為一些東西，例如情緒，例如父母成長經歷中的創傷，例如外界大環境的影響，造成潛力無法發揮，能力無法展現。多年的心理研究證實，除非萬不得已，父母依然是孩子最理想的撫養人，至於父母需要被引導，需要成長，需要培訓，並不是否定父母之前所有的努力和付出，這是時代進步對於父母提出的更高要求。

　　對父母多一分寬容和理解，才是對拒學孩子真正的幫助。

Story 09
孩子不上學，用激將法？

　　激將法是許多亞洲人傳統教育方式中獨具特色，又歷久不衰的方法之一。孩子就是要刺激，就是要罵，不然會自滿，會驕傲，會止步不前。刺激得越狠，孩子就會絕地反擊，證明給父母看：「我可以！」

　　是的，有這樣的孩子，心理韌性強，不服輸，百折不撓。遺憾的是，大部分孩子並不屬於這一類。

　　這個拒學的孩子已經好幾個月沒有去學校了，在家裡過得非常頹廢，做什麼事情都沒有動力。她的手臂上都是傷痕，正在讀國三的她，不甘心去讀高職，但是做任何事都沒有動力。

　　「現在的導師也只看成績，不像以前的導師把學生當自己的孩子一樣，現在的老師都怕承擔責任，發現我狀態不好就建議我休學。父母一直對我的課業期望較高，爸爸曾經是老師，所結交的朋友都是老師，他們的小孩學習成績都很好，高中考上的都是明星學校。只有我大考失利，國三畢業的暑假，我基本上沒有過過一天安靜的日子，爸爸只要在家，就盯著罵，不管我做什麼都能招來一頓責罵。」她說，爸爸基本上不會帶她出去，彷彿她是什麼丟人的東西，見不得人。偶爾碰到熟人，對方問起她考上的高中，爸爸總是支支吾吾，好像她是因為犯了什麼錯，要去那個高中接受懲罰一般。而每次不小心碰到熟人，回到家爸爸總會挑到一些毛病將她又罵一通，弄得她莫名其妙。別人升高中的那個暑假

是解放，是放鬆，她的暑假過得是煉獄般的日子。

她發現自己有明顯的煩躁，做事完全靜不下心來，看書更看不進去，學習力不從心。眼看大考將近，心中著急，好不容易鼓起勇氣，跟父母說了上學無法集中注意力的事情，只是希望他們能夠幫自己，告訴自己提高注意力的方法，或者幫自己找到無法集中注意力的原因，並不是真的不想上學。誰知自己剛說完上課總是走神，無法集中注意力，父母二話不說，劈頭就罵了她一頓：「那還不是因為妳不認真！妳就是想吃飽睡睡飽吃，像豬一樣，不上進，都不知道怎麼養出妳這種女兒！」跟媽媽說一些感受的時候，媽媽的回應總是：「妳就是忘恩負義，一點都不懂得感恩。」或是「妳還覺得我不夠辛苦嗎？妳這樣說是不是想逼死我？」她無言以對，不知道為何說一下自己的感受，會讓父母反應這麼大，說話這麼激烈。她失落地說：「可能在他們眼中，我就是這麼差，這麼好吃懶做。」

爸爸是老師，對她成績期望比較高，堅持認為好好讀書是唯一的出路，希望她考上明星高中，總是拿她跟朋友的小孩作比較，得出的結論當然是別人的孩子多麼優秀，她多麼不好。爸爸對她的評價就是一個字：懶。而且爸爸找了許多論據來證明自己的觀點：讀書一直不夠努力，懶得動腦筋，懶得寫習題，不懂的也懶得問老師、同學，在家裡也是一樣懶，從來不做家事，桌子亂得一團糟也懶得收拾……總之就是比豬還懶，已經懶得無可救藥了。爸爸跟她的相處時間不多，但只要在一起，就一定是不停碎碎念：「妳看妳有多懶？書也不看，作業也不寫！」「妳看妳這房間亂成什麼樣子，跟豬窩差不多，連整理房間都懶得動，我真是受不了妳。」「妳看妳這個題目，這麼簡單的都能做錯，還不是因為妳懶得動腦筋，我看妳這樣下去怎麼辦，到時連高職都沒得讀。」總之，「懶」成了爸爸萬能的表達，無論什麼情況都能跟懶掛鉤，並且表達得有

Story 09　孩子不上學，用激將法？

理有據，不容反駁。她說：「我長這麼大，幾乎沒有聽到過我爸表揚我。在他眼中，我大概就跟豬差不多了。」

爸爸對學習成績一直要求很高，無論她考得多好都從來不會肯定她，只會要求她考得更好。現在爸爸仍然要求她考明星高中，但她月考考差兩名進入升學班，她所在的學校高中升學率不高，基本上沒希望上一般高中，更不要說明星高中了。爸爸好像看不到這些現實，堅持認為是她不夠努力、不認真、懶，所以才學不好。從小爸爸在家裡的時間很少，在家也是玩手機、電腦，最近一年多有時陪她讀書，就又說：「都花了這麼多時間陪妳讀了，成績還是不好，都不知道有沒有用腦！」

媽媽會在孩子說自己感受的時候，表達不耐煩和委屈：「總記得不好的事情，不體諒我的苦心。」

有一次她說起前兩天爸爸幫她補習，她只是試探性地表達萬一考不上高中，可以讀高職，爸爸表示完全不接受，反覆強調一定要考上高中，只要她努力就一定能上高中。「妳就是怕辛苦，就是不想努力，懶得像豬一樣，妳這樣能上高中嗎？我看妳連高職都上不了……」她進退兩難，擔心考不上父母會非常失望，但自己對上普通高中確實沒有把握。爸爸覺得還沒有達到教育目的，繼續說：「整天好吃懶做，像豬一樣，社會需要的是有用的人，而不是妳這樣的廢人。」三句話不離「豬」、「廢人」，好像要想方設法讓她記住自己的身分，認可自己的廢人標籤似的。

然而，我後來得知，這對夫妻其實對孩子愛得非常深切，生下這個孩子也非常不易。

媽媽是在非常艱難的情況下，完全靠安胎保下了這個孩子。在懷小女孩之前，媽媽已經流產了兩次，每一次都是千辛萬苦好不容易懷孕，

小心翼翼地保護，不敢多走一步路，多勞累半分，遺憾的是孩子還是毫無徵兆地流產了。懷小女孩的時候子宮並沒有恢復，完全是意外，去了好幾家醫院，醫生都一致勸媽媽將小女孩拿掉，勉強生下來風險非常大。這個孩子的生命力似乎非常頑強，穩穩地待在媽媽的子宮裡。媽媽不捨，不顧家人朋友的勸阻，堅持冒著生命危險生下來，直到小女孩安全出生，媽媽仍覺得不真實，不敢相信自己真的當了媽媽。媽媽晚上經常做噩夢，夢到女孩生病或生下來發現不健康，有缺陷，在睡夢中驚醒。媽媽將孩子當成心肝寶貝，又緊張又保護，能幫孩子做的基本上都一手包辦，完全不讓孩子經歷任何挫折。媽媽說起這些，眼淚不停往下掉，那眼淚中似乎有很複雜的含義。媽媽那麼疼愛的孩子，冒著生命危險生下的孩子，卻總是忍不住在憤怒的時候打罵她，用最貶低的語言去評價她，媽媽自己也無法理解。

　　這樣的「愛之深，責之切」，這樣堅持以貶低的方式來督促、刺激孩子進步，真的能達到預期的效果嗎？大部分都是事與願違的。孩子不但沒感受到父母的「激將」，只接收到父母對自己的貶低、厭惡，對自己更加沒有信心，最後終於連站起來的力量都沒有了。

　　我常問父母：在孩子到一定年齡之後，你們有試過像對待成人一樣跟他對話嗎？有試過以平等的地位，真誠地交流彼此的感受嗎？

　　不上學，一頓吼，一頓罵，甚至一頓打。孩子縮在殼裡，把頭深深地埋進土裡，充耳不聞。另一個已經休學一年，兩次嘗試回到校園的國二孩子便是其中的典型。每當他上學遇到困難，比如，學習壓力或者人際交往的問題，他便回家將這些問題告訴父母，說自己害怕，應對不了，要求父母幫他請假。接著，他便跟局外人一樣坐到電腦前不分白天黑夜地玩手機，問他什麼都不吭聲。父母著急得要命，每天跟我說他的

Story 09　孩子不上學，用激將法？

動向，問我該怎麼辦？只要他一不去學校，便想約我替他做心理輔導，恨不能我天天給他上一堂課，讓他能夠回心轉意，乖乖回學校。只要他不上學，父母便輪番上陣問他：「到底是什麼原因呢？」「有什麼需要我們幫助的嗎？」「不上學怎麼行呢？不上學你將來怎麼辦呢？你國中都沒畢業，將來怎麼找得到工作呢？我們不可能養你一輩子呀。」不過，他自始至終都沒有表態說自己不上學，他只是不停找理由，讓父母幫他編各種藉口來跟老師請假。很多時候我有一個衝動想告訴父母：「這是他自己的事情，讓他自己去跟老師請假！」話卻從未說出口，我知道我面前的家長一定都是不忍心的，會無比擔心孩子讓老師留下不好的印象，擔心會被記曠課，曠課太多會被退學⋯⋯

　　父母每天早上會不遺餘力地叫孩子起床，生怕孩子遲到。當然，每天早上都像一場戰爭，為了讓孩子能按時起床，如果可以，我猜想有些家長會想拿槍頂著孩子的頭逼著他立刻起來。我接過一個最有意思的案例是孩子堅定地相信：「鬧鐘叫不醒我，多少個都沒用。」因此，直到他上高中，都是父母特別是媽媽擔任「鬧鐘」工作，孩子每天早上因為起床被罵一頓是很正常的事。有意思的是，因為孩子總是睡得「太死」，為了叫醒他，媽媽會動用家裡所有能夠敲得響的東西，鍋、碗、瓢、盆、桌子、椅子。於是每天早晨家裡都會上演戲劇性的一幕：焦慮著急的媽媽，一手拿著筷子，一手拿著盆，嘴裡念著：「起床了，遲到了！」媽媽使盡渾身解數要讓孩子起來，孩子卻泰然自若躺在溫暖的大床上做美夢，鄰居可能都被叫起來了，孩子依然彷彿處於無人之境，繼續跟周公談經論道。要知道，這麼多年，孩子上學從來沒有遲到過，我發自內心地無比佩服這個媽媽。

　　同樣的道理，沒有一個家長能夠忍心讓孩子被老師責罵和面臨被退

學的危險，便總是一邊抱怨，一邊絞盡腦汁想各種理由，全身上下能生病的地方都生了，家裡能出的事也都出了，總之無論如何，要確保孩子安然在家待著玩遊戲，老師還以為他正經受痛苦的折磨。搞定了老師，立刻馬不停蹄對孩子說教，動之以情，曉之以理，總之用心至極。孩子呢？彷彿跟遊戲黏在一起，眼睛都不抬一下，一言不發，不反駁，不贊同，逼得父母要抓狂。「明知道他聽不進去，怎麼不換個時間說呢？」父母很無奈：「他任何時間都是這樣，怎麼換時間？」我答道：「那就等他想清楚，願意談的時候再談？」父母更是慌了：「你不催著他，他肯定一輩子都想不清楚。」我繼續鼓勵：「你可以試試看嘛，不用很長時間，一天也行。」父母半信半疑。

幾天之後，媽媽傳訊息給我，說她實在沒辦法了，說也不聽，就乾脆一整天除了叫吃飯，不再理孩子，只是告訴他：「你自己想清楚你到底想怎麼選擇。」沒想到下午五點多的時候孩子就主動打電話給她，問媽媽今天怎麼不理他。趁著機會，媽媽終於能靜下心來語重心長地跟孩子談內心的想法，也聽孩子說他的想法。媽媽說了自己的為難和擔憂，表達了上學是父母沒辦法代替的事情，只能他自己想清楚，自己去面對。孩子很久沒有說話，第二天便早早起床，去了學校。

還有一個長期跟孩子玩「捉迷藏」遊戲的媽媽，跟我分享她的一段經歷：有一天上學原本應該6：30起床的，孩子自己說再一下，6：45再起床，爸爸滿足了他的要求，但6：45叫他起床時，他依舊不願起來，後來是拉他才起床的，刷牙洗臉又慢吞吞，盥洗完又回房呆呆坐著。勸了好久他才出客廳，媽媽拉著他到車庫，整個過程孩子都故意做出一副目光呆滯的樣子。媽媽開車，孩子本來應該坐在後座，結果孩子只是把書包丟上車，自己卻沒有上車。媽媽當時沒注意到，結果車開出

Story 09　孩子不上學，用激將法？

社區才發現孩子沒有上車，媽媽氣得恨不得回去把那小子撕碎才罷休。回到家，卻發現孩子跟沒事一樣在吃爺爺煮的麵，媽媽剛要發作，想了一下，還是克制住，平靜了十幾分鐘。看孩子已回房間，媽媽便進去平靜地對他說：「你總是這樣不上學，我很擔心，也很為難，因為不知道如何向老師請假，如果你真的不想上學，那我只能給你三個選擇：①跟我一個修行的朋友修行、四處遊歷；②去讀軍校，並且住宿；③去跟技工師傅學技術當學徒。總之不能待在家裡。」孩子後來選擇讓媽媽送他去學校，這是一種前所未有的溝通方式，媽媽從未試過如此平心靜氣地去跟孩子談話，她沒想到孩子會乖乖回學校。當然，她也深知這不是一次一勞永逸的嘗試，但卻給了她巨大的信心。

像這個案例一樣，我發現很多拒學孩子的家長包辦了很多本應孩子承擔的任務，無論是「責任」還是「情緒」，父母總是比孩子更焦慮和擔心，孩子不用思考未來，也不用去靜心面對自己的情緒，父母的焦慮已經將他們淹沒，他們慌忙地用自己的方式去封鎖、隔離，父母越侵入，他們越隔離，就像一場拉鋸戰，彼此都忘記了初衷。

父母總是著急地要方法：「我怎樣才能搞定孩子？怎樣才能刺激他努力？」卻很少去想，如何才能讓孩子真正有動力去承擔屬於自己的責任，不是靠激將，不是靠推，不是靠催，事實上確實有很多這樣的方法。

Story 10
孩子拒學，為何不向父母求助？

現在的父母都知道培養孩子的自主能力，讓他們凡事都自己動手，學會自己解決問題，不要去依賴他人。但與此同時，很多父母都忘了告訴孩子一個重要的道理──「當你覺得你無法完成一件事，記得去求助」。

為何我總是最後一個知道的人？為什麼他有事從來不跟我說？他在學校遇到困難為什麼不跟我說呢？

很多家長感到困惑的問題是，自己明明每天陪著孩子，每天照顧他的飲食起居，總是告訴孩子：「有什麼事一定要告訴父母。」為什麼孩子就是不說呢？為什麼他們寧願去跟老師說，跟同學說呢？

我發現，很大一部分孩子，第一次看心理治療是同學或者老師陪著來的，被問到父母知情嗎？大部分都是搖頭：「不想讓他們知道。」老師很多時候是最先發現孩子問題的人，家長在接到老師的通知之前對孩子的印象是：一切都很正常啊。

為何孩子不願向家長求助呢？上不了學，這麼大的事，為什麼他們不願意跟父母說呢？

有一類是家庭成員間從來不說內心話，表達內心感受在家庭中會顯得很彆扭，就像下面這個案例。

Story 10　孩子拒學，為何不向父母求助？

　　她大部分時間都是跟媽媽相處，雙方情感交流較少，大部分都是聊生活瑣事。跟她的沉默內向相反，媽媽卻是一個習慣透過說話來緩解自身焦慮的人，話匣子一開啟就停不下來，不過她從不表達自己的感受，只是一遍又一遍地嘮叨、重複。孩子休學以來，她總是不停地重複：「妳這樣不行，天天待在家裡，這樣下去，人會廢掉。妳不上學，高中都沒畢業，將來能做什麼呢？媽媽也不能養妳一輩子，妳這樣繼續下去可不行，妳要振作一點，多出去走走，打起精神來……」翻來覆去，大概就是類似的意思。孩子每次想開口說話，剛說了一句，就被媽媽搶先「長篇大論」地說教，孩子也就放棄，不再繼續說了。

　　媽媽很困擾：「她什麼都不跟我說，我也不知道該怎麼幫她，我心裡急得不得了。」但孩子依然是問什麼都嘻嘻哈哈地糊弄過去，不跟她說內心話。

　　老師在她狀態不好的時候曾經多次找她談話，每次都問她到底遇到了什麼事情，心裡是什麼感受，讓她說出來，大家好幫她。她總是大腦一片空白，不知道怎麼去說自己的感受，只能簡單地回答：「好」、「是」。老師只能闡述一番自己的觀點，講一番道理後作罷。有一次老師著急了，便說：「妳要別人幫妳，拉妳一把，首先妳也要伸出手來才行啊。」她跟我說的時候，把雙手抱在胸前，笑著說：「但我是殘障，沒有手，你拉我的頭髮不行嗎？」她當然不是殘障，我一時間沒有理解她的意思，便下意識地問了一句：「拉頭髮不痛嗎？」她聲音沉下來：「我不知道該怎麼去求助。」

　　她不知道怎麼表達對方才能理解她內心的感受，讓對方的支持給予她安慰，在她跟媽媽的互動中，這個過程總是徒勞的。她總是喜歡在媽媽開車的時候跟她說話，因為媽媽似乎只有在開車的時候才是安靜的，

其他時候總是不停地說話。開車的人都知道，除非技術無比嫻熟，不然有人跟自己說話，一直分心是很危險的事情。所以媽媽每次的回應都是：「妳說什麼？我聽不懂，我要開車，妳不要煩我。」她於是只能收回想說的話。

她在學校連吃不吃飯這樣的小事都要糾結很久。餐廳人很多，要排很久的隊，她很怕碰到熟人，因為不知道怎麼跟對方打招呼。同學們大部分都是三三兩兩一起吃飯，自己不知道該坐在哪裡，一個人吃飯又很奇怪。有時候她就挑一個其他人也是一個人吃飯的區域，隔著一定距離坐在旁邊，看到對方也是一個人吃飯，心裡就踏實一些。有時候對方對面突然坐下來一個人，她瞬間就很氣餒。在學校，連上廁所都要手牽手去的環境中，一個人吃飯會被視為很奇怪的舉動，引人側目。

她說她很小就習慣遇到問題自己處理，處理不了的就想辦法逃避。所以，當她在學校待不下去，便想辦法逃回家裡。起初，並不是因為家裡有媽媽陪伴，只是在家裡沒有在學校的壓力，她覺得在家裡能夠輕鬆一些。

很多家庭都是如此，看似熱熱鬧鬧，永遠有說不完的話，然而說的都是日常瑣事，都是別人的事，不習慣說自己的事情，更不習慣表達自身感受。這樣的家庭氛圍之下，孩子也沒辦法開口說自己的感受，「大腦一片空白」、「什麼也說不出來」、「話到嘴邊就是說不出來」，特別是面對父母的時候。很多孩子跟父母坐在家庭治療室裡都顯得無比緊張，如果不問他們，他們基本上不會說話，或者裝作若無其事地玩手機，或者摳著沙發，渾身都寫著「不自在」三個字。

還有一類是習慣了自己的問題自己解決，從小就被培養成了「凡事靠自己」的孩子。

Story 10　孩子拒學，為何不向父母求助？

　　現在的父母都知道培養孩子的自主能力，讓他們凡事都自己動手，學會自己解決問題，不要去依賴他人。但與此同時，很多父母都忘了告訴孩子一個重要的道理──「當你覺得你無法完成一件事，記得去求助」。

　　獨立固然很重要，但是孩子在獨立之前，總是需要很多次的幫助，才能慢慢習得一個技能。不是父母憑空樹立一個觀念孩子就能做到的。如果孩子從小就羞於求助他人，那麼有一天，他們需要面對一個根本無法憑一己之力完成的任務，就會格外艱難。

　　不善於求助的孩子，也會為了隱藏自己的弱點而逞強，可是面對難題他們又無法想到解決的方法，很可能導致情緒問題，更有甚者，會釀成悲劇。個人的能力永遠是有限的，承認人與人之間的能力差異，引導孩子正視自己的優勢，也認清自己的不足，這樣孩子才能一方面正確認清自己的價值，另一方面虛心學習，讓自己的能力得到提升。

　　求助，其實是善於協調和利用資源的表現。然而，就像看精心理治療被當成心理有病一樣，很多人在骨子裡會看不起向他人求助的人，認為那代表懦弱無能。有困難自己解決，自己扛不住也要扛，這樣的「傻瓜」精神好像才是大家更認可的獨立自強。然而，在當今社會，分工日益精細，對人的能力要求越來越高，單靠一個人的力量很難完成全部的任務，也無法保證自己永遠不會遇到面對不了的困難。不會求助，在這樣的情況下可能會把自己逼上絕路。

　　而拒學的孩子中，其實有相當大一部分是處於心理崩潰的邊緣，在這時，能夠去求助，特別是向自己最親近的父母求助，同時換來父母的支持和理解，對於他們走出當下的困境有不同凡響的意義。

　　還有一類，是家庭關係不是彼此信任的關係，甚至是表面看起來相

互敵對的關係，全家人都忙著戰鬥，根本無暇去了解對方內心的真實想法和感受。

我見過一個因為被診斷罹患糖尿病而完全變成了一個「鬥士」，輾轉多所學校都無法繼續上學的孩子，他拒學的狀況裡，透著深深的絕望。

我與這個孩子接觸的時間並不長，但印象非常深刻，聽介紹的時候以為是一個非常凶狠強壯的孩子，但沒想到見到的是一個瘦瘦的，很配合，甚至有點無助的孩子。這個孩子從小父母離異，一直跟著爸爸生活，後來爸爸再婚，繼母無法生育，因此，對他也還算好。爸爸脾氣非常不好，動不動就打罵他，從來沒有肯定過他，總是說他這不好那不好。生母對他比較好，但生母再婚後只能在假日接他去住，平時也沒辦法。剛開始他並不知道自己的病有多嚴重，以為只是比較容易低血糖，後來身體症狀越來越明顯，發作時他連水杯都拿不起來，因此備受打擊。他說得很清楚：「這種無助、無能的感覺讓我無法接受，我恨死這個病了。」要知道，他以前是籃球健將，雖然成績不好，籃球卻一直是他的精神寄託，他長得不高，但體力不錯，技術也好，經常在籃球場上收穫掌聲和喝采。他不甘心，還是想方設法繼續去打球，但是經常跑幾圈就精疲力竭，同學們知道他的情況後，也基本不再主動找他打球。

有時候同學只是無心的一句話，他就能火冒三丈，跟對方直接打起來。每所學校都待不長，幾乎都是這樣的原因。

治療的巨大花費也讓他心有不安，爸爸天天嘮叨因為這個病花了這麼多錢，以後都要一直用錢，他還不爭氣，還到處惹事。他的糖尿病是比較嚴重的，無法靠吃藥抑制症狀，需要每天打胰島素。後來爸爸咬咬牙花了不少錢買了一個可以隨身帶著的機器，不用每天打針，但要帶著偵測血糖的留置針貼片。他帶著這個貼片去上學，同學都小心翼翼地，

Story 10　孩子拒學，為何不向父母求助？

生怕碰到他的針。打球的時候更加明顯，遠遠看到他過來，同學就讓開，生怕撞到他，每當這個時候，他就很想拔下貼片，乾脆放棄治療。

他有一天跟爸爸吵架，一氣之下就將那個昂貴的機器砸了。爸爸氣得臉都綠了，直接跟他說：「你不想治療就算了，自己想死不要怪其他人！」他說，當時是因為跟爸爸吵起來，爸爸動手打他，他想還手的時候低血糖，沒有力氣，瞬間覺得非常絕望。等狀態稍微好一點，有一點力氣的時候，他就站起來砸了機器：「還不了手，只能選擇砸掉機器來報復爸爸了。」他的理由似乎也挺充分的。不知情的人，絕對想像不到這是父子之間的互動和對話。

他很反感爸爸總是將自己的糗事告訴其他人，他在學校打架，他生病也告訴其他人，他只要稍微做得有一點不好，爸爸就會說得很誇張，跟別人說他不吃飯，不吃藥等等，他很討厭爸爸這樣。他每次在學校闖了禍爸爸就讓他換學校，不問他的想法，也不了解他在學校打架的原因，直接動用各種關係幫他找新學校，並且直接通知他原學校的主任。他說：「我其實挺喜歡學校的同學，不想頻繁地換學校。」只是爸爸似乎並不在意他的想法。

在重重的打擊之下，這個極度無助的孩子，以完全相反的暴力攻擊的方式來掩飾自己內心的恐懼、無助。遺憾的是，爸爸並沒有看到這些，只看到了孩子攻擊性的一面，並且採用以暴制暴的方式，導致雙方的矛盾愈演愈烈。

輔導拒學的孩子，我會常常採用家族治療的方式。建立家庭面對困難的同盟，比說服孩子回學校上學更重要。拒學不是一個品行問題、意識問題，而是一個檻，一個難關，一個需要家庭共同面對的難題。孩子能當著父母的面說出自己的壓力和困難，只有家庭關係朝著互信的方向

前進，才是解決問題的關鍵。

　　還是那句話，拒學，看似只跟上學有關，實則是很多問題的綜合反映。不是孩子能回到學校就萬事大吉，不是這所學校讀不下去，轉到另一所學校就一勞永逸。讓孩子告訴你他背後的恐懼和無助，比解決問題更有意義。

Story 11
孩子真的接受他必須上學嗎？

男孩上國二時因為被分到陌生的班級後適應不了，第一天上學在無比緊張的情況下勉強度過，第二天被父母架上車送去學校，在車上的時候男孩就開始手腳發抖，父母想盡了各種辦法，依然沒辦法把他送進學校。回家之後，男孩便開始沒日沒夜地打電動，不說話，甚至幾乎不吃飯。父母罵也罵了，哄也哄了，都無濟於事。找到我的時候，孩子不僅上不了學，情緒也有很大的問題，對父母也有明顯的敵意，認為父母是在逼自己上學，根本不了解自己，把一切的問題都歸結到遊戲上，雙方沒辦法溝通。

我們這裡談的不只是上學的問題，更希望討論孩子在自己必須承擔的責任上，是否全心接受這是自己必須面對的問題，不逃避，不幻想有人為自己善後。

這裡我有兩個狀況相反的案例，讓我思考良多。

兩個孩子，男孩子讀國中，女孩子讀高中，兩個孩子都有一些社交恐懼症，在回校之前都同樣忐忑，在第一週回校的時候都困難重重，好不容易熬完第一天，之後都想盡辦法要賴，找各種藉口想請假回家。

然而，上學一個月之後的適應狀態卻截然不同。

男孩上國二時因為分到陌生的班級後適應不了，第一天上學在無比緊張的情況下勉強度過，第二天被父母架上車送去學校，在車上的時候

男孩就開始手腳發抖，父母想盡了各種辦法，依然沒辦法把他送進學校。回家之後，男孩便開始沒日沒夜地打電動，不說話，甚至幾乎不吃飯。父母罵也罵了，哄也哄了，都無濟於事。找到我的時候，孩子不僅上不了學，情緒也有很大的問題，對父母也有明顯的敵意，認為父母是在逼自己上學，根本不了解自己，把一切的問題都歸結到遊戲上，雙方沒辦法溝通。

　　第一次見我的時候，孩子異常緊張，背挺得直直的，一問一答，只有談到遊戲，他神情才放鬆下來，侃侃而談地跟我介紹自己喜歡的遊戲。我問他：「你打遊戲很厲害嗎？」他沒有正面回答我的問題，而是問我：「老師，你覺得玩遊戲是不務正業嗎？」我沒有直接回答他的問題，只是跟他講了我聽過的別的小朋友告訴我的關於遊戲帶給他們的感受和意義，有的孩子是將遊戲當作宣洩情緒的途徑，只有打遊戲的時候才可以什麼都不想，甚至感受到快樂；有的孩子是覺得在網路世界裡自己可以放得開，能夠自在地跟別人交流，還有人真的認識了遊戲裡的好朋友；有的孩子純粹是為了逃避，躲進遊戲的世界裡，像「鴕鳥」一樣，不肯面對現實。這個孩子加入了多個遊戲群組，但幾乎不說話，只是靜靜地看著大家聊天，這樣他覺得很熱鬧，沒那麼孤單。

　　這個孩子和家長都非常配合，前後大約有一年的時間都規律地來治療，很少請假，也不遲到。孩子從一開始除了提要求之外不太說話，媽媽一說到他便忍不住流眼淚，爸爸總是不住地嘆氣，到後面一家人可以坐下來好好談話。爸爸的工作很輕鬆，因此，有時也會玩遊戲，他很坦誠地說：「我並不是說完全反對他玩遊戲，我們只是擔心他會沒辦法控制時間，為了玩遊戲不去上學。」然而，父母完全不知道他無法繼續上學的原因是在人際交往上遇到了比較大的問題，之前家人怎麼問他都不肯說。他堅持：「反正他們都不相信我，也不會幫我，說了也沒用。」進行

Story 11　孩子真的接受他必須上學嗎？

了幾個月之後，我問他：「你現在相信父母是真心想幫你嗎？」他看了看父母，點了點頭，沒有說話。媽媽的眼淚已經流下來了。

眼看著他慢慢放開自己，自信心也漸漸增加，從之前大部分是我來找話題，到後面每次他都有很多希望跟我分享的內容，也會把一些新買的特別的鍵盤、耳機、鑰匙圈帶過來給我看。上學的事情也由原來的不能談、不想談，到後面可以坦然地跟我說上學的壓力和擔憂，一起討論解決方法。

新學期開學，在做了充分的準備之後，上學前一天他來見我，坦誠地說：「我心裡還是莫名地有點慌。」我問他：「那是一種怎樣的情緒呢？」他想了想說：「想到上學還是有壓力，好像有點害怕。」我沒有再做更多的鼓勵，休學一年之後再回校，緊張和壓力都是正常的，除了鼓勵他表達之外，更需要他自己去接納情緒，面對困難。

開學當天，媽媽從早上開始上學，到晚上他放學，幾乎是實時跟我彙報他的情況：「早上準時起床，順利去上學了。」「沒有打電話給我們，不知道在學校情況怎麼樣。」「我們好希望他能堅持下上去。」「他快要放學了，我們該怎麼跟他說，說點什麼好呢？」「你能教教我怎麼鼓勵他、讚揚他堅持上學了嗎？」我被媽媽弄得也有些緊張起來。很遺憾，孩子放學回來，第一件事就是跟媽媽說：「我明天想請假。」接著又回房間玩遊戲了，彷彿什麼都沒發生過。媽媽情緒幾近崩潰，夫妻倆在家裡急得團團轉，不能罵，不能說，又擔心他請假之後又不去上學。家裡的氣氛彷彿要凝固一般。

第二天他不起床，沒有上學，媽媽跟我聯絡，希望馬上為他安排諮商，我沒有答應，我鼓勵父母自己去跟孩子談，跟孩子表達他們的感受。我提示爸爸媽媽，他沒有說他不上學，而且上學第一週本來就是最

困難的，需要做好心理準備。夫妻倆討論了無數次，商量了各種方案，預演了各種突發情況，才終於鼓起勇氣去找孩子談。談論的具體內容我並不清楚，大約是父母表達了他們的擔憂，希望孩子能夠克服上學中的困難，當然，也肯定提到如果不上學也不能在家打遊戲，肯定要找事做。重要的是，這次談話非常有用，孩子第二天就去上學了，並且堅持上完了那一週的課。然而，事情並不是一帆風順的，一波三折才是常態。過了一個週末後，再上學的時候，他再次耍賴：「不想去。」媽媽再次崩潰，強忍住情緒，靜靜等待。好在，第二天孩子還是上學了。

接著，他過來見我，告訴我他遇到的困難：第一，沒有交到朋友，雖然同學都很熱情，但是除了簡單的交流，不知道該如何繼續互動，所以大部分時間還是獨來獨往。第二，最大的困擾來自他的特殊習慣：一年四季，無論多冷，都只穿涼鞋，從不穿球鞋，在學校裡，這無疑是一種另類，常會有同學指指點點，好奇又嘲諷。第三，每當週一返校的時候，心理上就莫名地抗拒，不想去，想逃避。第四，因為休學太久，進度跟不上也是問題之一。這一次，我認真地回饋了他做得好的地方，給予他最大限度的鼓勵，並且跟他談論解決方案，建議他可以跟爸爸媽媽說，家人一起想辦法。

開學大約一個多月之後，他基本上已經可以正常去學校，還是會緊張，而且為了不被別人取笑鞋子的問題，他幾乎不出教室門，為了不上廁所，他在學校幾乎不喝水。可能有人會認為這樣的方式很不健康，但在我看來，這也是他自己想到的應對方式，在沒有更好的方式替代之前，也是他自己在積極嘗試。我最感動的地方是，他告訴我：「雖然還是緊張，但已經比之前好多了，在我可以忍受的範圍。」爾後，開心地跟我說：「週末有幾個同學要來我家，不過他們只是路過。」當天晚上，我看

Story 11　孩子真的接受他必須上學嗎？

到媽媽傳來一大桌豐盛飯菜的照片，不知道的還以為是過年的團圓飯，配文是「哥哥的朋友來家裡吃飯」（註：因為家裡還有一個妹妹，所以媽媽習慣叫男孩「哥哥」）。一個母親的欣慰和自豪在字裡行間表現得淋漓盡致。

我們再說說那個上高中的女孩。

這是一個就讀高二的女孩，在高二上學期時因為班級人際關係問題，幾個好朋友都莫名其妙地疏遠她，在學校形單影隻的日子讓她有了情緒問題，成績一落千丈，自信心受到很大的打擊，漸漸無心學習。她每天準時出現在教室裡，發呆或者乾脆睡覺，幾乎沒在聽課。時間長了，老師也漸漸放棄了她，只要她不影響課堂秩序就幾乎不管她。有一次上課，新來的老師不清楚情況，見她心不在焉，連連打瞌睡，便讓她站起來，反覆叫了好幾聲名字，她都裝沒聽到。她後來跟我說：「不知道什麼原因，我當時就是不想站起來。」老師覺得面子受損，就直接走下講臺，提著她的衣領，把她一把拉起來。可是，老師仍不消氣，當著全班同學的面，痛罵了她一頓，大意就是她「自以為是」、「目無尊長」。她強忍著眼淚，跑出教室。坐在走廊上哭了整整一個小時，無論誰勸都不肯回教室，老師沒辦法，只能通知家長來接回家。此後，她說什麼都不願再回校上學。媽媽失望地把她接回家，她幾乎閉門不出，每天拿著手機不停地刷，打發時間，日夜顛倒的作息導致她臉色蒼白。

她第一次見我，便怯生生地說：「我怕我表達不好。」相比於她的沉默寡言，說話小心翼翼，媽媽卻是一開口就停不下來。當然，焦慮的媽媽說的更多的還是孩子的不是：「天天不出門，就在家裡躺著玩手機，這樣下去怎麼行？也不幫忙做家事，別人的孩子都很懂得感恩，我的孩子就只會考慮自己……」「妳這樣下去怎麼得了，我在家待一天就受不了，

妳天天都待在家，人沒病也會待出病來。妳還這麼小，不上學怎麼辦？生活很不容易的，妳沒有學歷，以後能做什麼？」如果不打斷，媽媽能連續說一個小時不停歇。在這樣的數落之下，女孩的頭一直往下低，一言不發。媽媽會想盡辦法帶她出去，跟媽媽的朋友一起吃飯，或者是泡溫泉之類的，但孩子總是沉著臉，不肯說話，媽媽更加不滿意，認為她沒有禮貌，不尊重媽媽的朋友。

　　跟很多不太擅長人際交往的孩子一樣，每次見我，她最擔心的就是「不知道說什麼」、「怕回答得不好」。為了打消她的顧慮，我每次都會盡可能跟她解釋，鼓勵她想到的都可以說。她說的時候我一般都靜靜地聽，不時點頭，鼓勵她多說一些。漸漸地，便發現她其實有很多話想說，在說話的過程中，她的表現會更自信，而且她自己能夠總結和思考。她很在意我對她的看法，因此，我會盡可能真實地多給她肯定的回應，鼓勵她去嘗試不敢嘗試的事情。

　　休學期間她能主動約以前的好朋友出去玩，回來跟我分享一起去看電影或者逛街的經歷，很開心。同學開學之後，她又恢復到宅在家裡的生活，每天吃兩餐，情緒也變得低落。後來，她嘗試自己做喜歡的明星的「娃娃」，她說：「因為之前想去看她的演唱會，結果猶豫了很久，還是沒去，一直很遺憾。」她最大的樂趣是買明星周邊商品，當然也因此經常被媽媽吐槽，抱怨說花太多錢。她便想到做明星的「娃娃」來賣，把花掉的錢再賺回來。出圖、打樣、確認，接著聯絡工廠生產，談價格，評估成品品質，做出產品之後她便開始在網路上預售，想辦法收定金回收成本。一直害羞被動的她，可以主動加很多陌生人，向他們推銷，並且成效不錯，第一批成品很快被預訂一空。那段時間，每次來見我她都會化淡妝，說話的聲音輕快而愉悅，語氣中都是滿滿的成就感，彷彿自

Story 11　孩子真的接受他必須上學嗎？

己賺到了人生的第一桶金一般。我也被她的笑容和成就感感染著，替她高興。她需要看到自己的能力，看到自己的價值。

新學期開學，她主動提出回到學校，回學校之前自信滿滿，異常淡定。我們約定，開學一週以後回來，跟我分享在學校發生的有意義的事情。她滿懷期待地憧憬：「我首先想交幾個好朋友，希望新班級的同學能夠好相處。」

第一週，她請了兩次假，勉強堅持上完。

以前，她每次提到想請假，媽媽都會不斷嘆氣，焦慮異常：「妳總是這樣怎麼辦？」「我該拿妳怎麼辦？」媽媽不斷在家裡走來走去，焦慮得彷彿要抓狂。這一週，她心裡會經常冒出想休學的念頭，但從不敢說出口，怕媽媽會崩潰。另一方面是因為這次復學，她轉讀國際班，學費十分高昂，不繼續讀下去自己心裡過意不去。我問她：「除此之外呢？比如說，為了妳自己的。」她想了想，搖搖頭：「我自己讀不讀書無所謂。」接著又不好意思地笑笑，說：「我現在最大的願望就是可以回家啃老，能啃多久啃多久。」這個說法讓我很意外，在復學前，這個女孩曾信誓旦旦地跟我說：「我到時候想考韓國的大學，以後可以做一份體面一點的工作，成為一個有想法的人。不要像我媽媽一樣，只要不工作就是躺在沙發上看連續劇，一點追求都沒有。」變化如此之快，讓我有些始料未及。

我知道她在學校遇到了一些困難，因為是中途轉班，很難交到朋友，基本上都是獨來獨往。她中午不吃飯，第一時間跑回宿舍，拿著手機打發時間是她最開心的時刻。她進度跟不上，不想學，外語也比不上其他同學，背完了第二天就忘了。我於是問她：「有想過怎麼改變學習狀況嗎？」她很自然地回答：「回家呀。」我愣了一下，有些哭笑不得，就問她：「改變在學校的狀況的方法是回家？」她自己也笑起來，接著不

好意思地說：「我沒想清楚你的問題。」我心裡清楚，她的下意識反應不是簡單的沒聽清我的話那麼簡單，這是她習慣的應答，是潛意識中的選擇。因此，在學校，有人叫她一起吃飯，她會回答：「我不想吃。」因為覺得三個同學一起吃飯比較尷尬。她很想交朋友，但堅定地相信：「班上的同學都是配好對的，都已經有自己的好朋友了，我加入太奇怪了。」作業只要稍微需要動腦筋的她都不做，因為剛進入班級，很多名冊都還沒有她的名字，她可以混過去。我問她：「不在名冊上的感覺好嗎？」她滿不在乎地答：「挺好的呀，很多事情都可以不做。」沉默了一下，接了一句：「但有時候也會覺得好像是班級裡多餘的一樣。」她還沒有準備好融入班級，她只是每天準時出現在教室裡，像完成任務一般。完成任務給誰看呢？給媽媽看，給老師看。

每週回學校的前一兩天，她的情緒會非常低落，很容易掉眼淚，覺得自己非常孤單，之後的三四天情緒會平穩下來，能勉強度過。週末是完全解放，只要一回到家，所有負面情緒會一掃而空，徹底放鬆下來。因此，她總是想盡辦法讓媽媽幫忙請假，想回家，不斷跟媽媽說在學校有多難受，有時媽媽心軟就接她回家，回家之後再教訓她一番，但她哪裡聽得進去。她認為只要能回家，挨多少罵都值得。她將所有心思和精力都用在「逃回家」上面，沒有想過如何應對在學校遇到的困難。

她並沒有從心底裡接受自己必須上學。準確一點來說，她只是理智上知道自己應該上學，但是情感上始終存在著幻想，始終在等待著媽媽有一天會接自己回家，再次讓自己休學，或者乾脆不用上學。

為何兩個孩子會有如此大的差異？我們總認為孩子自己會知道上學是他們必須要做的事情，實際上並非如此。理智上知道與發自內心地接受是兩回事。

Story 11　孩子真的接受他必須上學嗎？

　　父母在道理上教育孩子上學是自己的事，卻總是忍不住幫孩子承擔責任，比孩子還焦慮，時時刻刻跑在孩子前面。於是，上學變成了父母的事，父母只要點頭，孩子立刻回家。

　　把孩子的責任還給孩子，父母淡定一點，往後退一點，讓孩子去面對現實，承擔自己的責任，是否也是可以嘗試的方式呢？

Story 12
幻想的世界已足夠好，為何還要上學？

在學業上受挫的孩子，退回到幻想世界裡尋求安慰，在那裡自己高人一等，能輕鬆搞定所有的事情，在某一方面具有異於常人的能力，自得其樂，難以自拔。在那裡沒有應付不了的課業壓力，沒有搞不定的人際關係，沒有辜負父母期望的愧疚，那是個烏托邦式的完美世界。

是否存在這樣一個世界？沒有傷害，沒有挫折，沒有壓力，只有無盡的鮮花和掌聲，能力超群的自己？

有，幻想中的世界。而很多拒學的孩子就是找到了這樣一個世界，並且欲罷不能。

我遇過一個上國二的拒學男孩，長得很高大，外表看起來會以為他差不多已經成年。他把自己的電腦看得好像比自己的生命還重要，只要有人碰他的電腦，他就會無故發脾氣，用手打自己，並用頭撞牆。對新買的手機、電腦永遠不滿意，他有各式各樣不滿意的理由：螺絲鬆動、指紋辨識不好、構造不完美等等，總之無論如何都差一臺令他滿意的電腦。在他見我之前的 3 個月，前後要求父母幫他買了 4 支手機、3 臺電腦，但他還是不滿足，仍然繼續要求買新的，父母只要有個「不」字或者講一下道理，他就摔東西，撞牆，大發雷霆。父母都是受薪階級，對於他的要求苦不堪言，但又不得不照做，「他發起脾氣來好像要吃人一樣」，父母如是說。

Story 12　幻想的世界已足夠好，為何還要上學？

　　他對家裡人強烈不滿，控訴他們認為自己不願上學是因為想玩遊戲，還找其他家族長輩來教訓自己，自己辯不過，情緒激動才衝動發火的。他說：「我不願意完全按照父母的期望按部就班地過完這一生，那樣我不會快樂，就算賺再多錢也沒有意義。」他說以前希望做一名軟體工程師，開發遊戲，好好讀書，盡量上大學。現在這條路不太現實，讀書對他來說太難了，他絞盡腦汁想了很久，終於找到了出路——做遊戲實況主。

　　他每一次見我都滔滔不絕地跟我談關於遊戲，關於遊戲實況主的話題，有時一談就兩個小時，完全不覺得累。他對其中一個遊戲實況主非常崇拜和信任，說自己將來就要成為像他那樣的人，他教會自己很多東西。那個實況主也很上進，會跟喜歡看他直播的粉絲分享他的人生經歷，他很努力地拍影片，只要出了新遊戲就要玩得很熟練，維持粉絲的關注度，也是很不容易的。這些對他都很有激勵，並不是像父母以為的那樣，把他教壞了，他很反感父母這樣說話，他跟父母已然無法溝通。

　　他想配置一臺所有功能都是頂級的電腦，但花費非常大，父母無力負擔，只覺得他有問題，讓他調整，讓他振作。他很無奈地說：「我覺得他們才有問題。」我問他：「你覺得父母有什麼問題呢？」他很氣憤：「他們自己沒有能力，不捨得花錢，只會把問題推到我身上。我的人生我要自己做主。」很明顯，他的話語中有矛盾的部分，一邊反覆強調自己要走自己的路，認定父母是在干涉自己，阻礙自己；轉頭又憤怒於家人不支持自己，不為自己未來的理想鋪路。矛盾糾結，把他團團困住。

　　偶爾，他也會很低沉地說他之前非常自卑，特別是成績不斷下降，自己又沒辦法跟同學好好相處之後，信心受到很大打擊。而遊戲就是他找到的最大的支撐，也讓自己漸漸恢復了信心。其實，他打遊戲的天賦很普通，並無特別出眾之處，只是玩的時間相對較多，所以在同伴中技

術相對較好。加上他的年齡沒有到職業電競選手的最佳年齡,基本上是沒有希望走職業電競的道路的。他又跟我解釋說,做實況主不一定要很會玩遊戲,性格幽默也可以,能開玩笑逗大家開心,甚至特別開放,喜歡說髒話也是一種特點,只要有人關注,看他拍的影片,他就能有收入。他認為要能夠做這樣的職業,必須要有好的設備,電腦效能夠好,才能跑得動大型遊戲,打起來也才有手感。他每一次換電腦都是有原因的,都是之前的電腦不好用,或者配備不是最新的,比不上網路上其他同伴的,才會想換。不過家人一直不理解他,不支持他,別人的家長都支持孩子的理想,那才是父母應該做的事情。他卻遇到這樣的父母,只會叫自己要上進,要努力,真正想讓父母支持的時候,卻總是抱怨他花太多錢,煩都煩死了,所以他才會那麼生氣。

聽他說著,倒也有些「頭頭是道」的味道。

他有個姐姐,在父母百般努力督促之下,依然沒有考上大學,於是家人將希望全都寄託在他的身上,他壓力非常大。父母生他時年齡比較大,再加上家族中其他成員身體都不太好,父母對他非常保護,他從小到大基本上都不被准許獨自出門,放學必須準時回家,同學聚會爸爸都要跟去,住校必須每天定時打電話報平安。同學經常因此嘲笑他,說他長不大,很幼稚,去哪還要像小屁孩一樣跟在父母後面,這讓他很自卑。同時,父母喜歡什麼事都幫他做好,再加上一個姐姐,家裡幾乎沒有他說話的份,也沒有證明自己能力的機會。國小的時候他成績還不錯,家人對他還寄予厚望,上了國中之後課程內容越來越難,慢慢就覺得非常吃力。

後來,父母幫他換了學校,轉學之後他仍然難以適應,覺得新學校沒有原來的學校學生水準高,老師教得也不好,他總是感覺睏倦,學習

Story 12　幻想的世界已足夠好，為何還要上學？

效率不高，堅信在學校是浪費自己的時間，自己應該去做更值得做、更有意義的事情。後來他乾脆退學，更堅定自己的目標——打遊戲、當實況主才是最適合自己的工作。然而，他除了要求父母換最新、最好的設備，並沒有做出實際的行動來提升自己的能力，總是幻想著自己有了最好的設備，自然也就擁有了最強的「電競」能力，或者即使沒有頂級的能力，一旦某一天有人發現自己，他也會一炮而紅，震驚世人。

這個美好的幻想世界，讓他欲罷不能。

另一個孩子是一直在搶占思維的制高點。

每一次跟他談話，我都要打起十二分的精神，前一天晚上若是稍微沒睡好，聽著他談論的內容，繞來繞去地說，我的眼皮就會開始打架，根本無法跟上他的思考方式。我總是在想：「這些已經說過了呀，能談些其他的嗎？能談些現實的東西嗎？」他卻不厭其煩，生怕我不明白似的，盡最大的可能反覆解釋。為了讓我明白，他總是喜歡在沙盤裡的沙子上畫圈，畫一個圈代表自己，畫一個圈代表同學，畫一個圈代表家人，接著便在圈與圈之間來回不停地畫，又在其中一個圈上點一個點，代表很重要的位置，畫來畫去，點來點去，我的頭很快就暈了，完全不知道他到底要表達什麼。就像一場完全不著邊際的哲學對話，而且沒有方向，沒有觀點，沒有結論。我一直被他帶著在思維的世界裡繞圈，不知道到底何時才能落地。每次我嘗試談論想了解一下他現實的生活，他只做簡單回答之後便想辦法繞回思維的話題：「那些現實的生活不重要，我就想有人理解我的想法。」無奈，我只能作罷。不知道這場虛無飄渺的討論究竟什麼時候才會結束。

有一次他跟我談到一個選擇的話題，說得神乎其神。他告訴我：「有一個選擇，我想了很久都想不出答案，老師你能幫我想一想嗎？」我瞬

間有了興致，這似乎是一個要跟現實接軌的訊號。我於是問他：「是什麼選擇呢？」他認真地回答：「我也不知道是什麼，我只是感覺有這樣一個選擇。」我張大了嘴巴，又立刻合上，腦中瞬間走過無數的情緒，定了定神，才想到詞句來回答他的話：「假設是一道選擇題，你不知道題目是什麼，卻要想辦法知道答案？」他微笑著點點頭，肯定了我的總結。「這可能嗎？」我極力保持語氣的中立和尊重，他倒很坦然：「我知道這很難，但是我覺得這個過程意義重大。」接著他補充說明了意義重大的程度：「至少是能得個諾貝爾獎的程度。所以我覺得值得花時間去想這件事，而且我有一種預感，只有我能想出來答案。」我無意潑他的冷水，確實，這個無中生有的題目和答案，肯定只有他能想到。

經歷了很長時間的博弈，他終於能夠慢慢談一些現實中的事情。有一段時間他想學畫畫，便在網路上報了課程，每天跟著老師的進度學習，學了一個月之後，沒辦法繼續堅持，認為學基礎太枯燥，他還是喜歡自己想畫什麼就畫什麼，於是他便自由創作。一段時間之後，覺得沒什麼進步，便慢慢不再畫了。雖然是一次不算成功的嘗試，但是在他許久只靠玩手機打發時間的「養病」階段裡，已經是彌足珍貴了。他跟我說起這個階段的嘗試，坦言道：「好像我就是這樣，想得很美好，目標也定得很高，但是沒有行動力，好不容易行動起來了又很容易放棄。」他跟我談他理想中的自己：「肯定要各方面都很好。學習成績要好，體育要好，還能保護好家人，幫助家人。最好還要有一兩個專長，我覺得那樣的自己我才能接受。」我試探著問：「那是一個很高的目標，如果做不到呢？」他想了想：「那我寧願什麼都不做。」

新學期開學，他通情達理地去了學校。再見他已經是開學一個月之後。他主動提出有想法要跟我說，我懷著忐忑的心情聽他講述。他談到

Story 12　幻想的世界已足夠好，為何還要上學？

　　自己在學校遇到的困難：學校規定的學習時間很長，每天晚自習要上到十點多，週六還要求學生回學校自習，老師總是延遲下課，占用大家的休息時間。接著，他做了一番評論，並給出了自己的應對方式：「學校這樣的疲勞戰的學習方式很不適合我，我無法集中注意力學習，所以大部分上課的時間我都在睡覺。」說完他又立刻補充：「但是我莫名地相信，只要我認真學，所有科目都是很簡單的。」又說道：「跟那麼多同齡人在教室裡我無法集中注意力學習，有幾次晚自習我一個人在走廊學習，效率非常高，很快就把題目都弄懂了。」接著，他給了一個自己具有過人天賦的證明：「這次月考，我幾乎沒複習，連假也都在玩，平時也沒聽課。考前實在太無聊，我就看了看地理，地理就考了 80 分。」我感慨：「那很不錯啊。」他害羞地笑：「我就是為了向你證明我很厲害。」

　　他跟同學相處也遇到一些困難，在班級中很放不開，而且不習慣主動去找同學。「以前都是同學主動來找我的，我很容易交到朋友。當然，以前我在班級裡很活潑。」

　　之後，他說出了自己的想法：「我覺得現在這個學校的環境不適合我，我想轉學，轉到更人性化一點、課業壓力沒那麼大的學校，我肯定能讀得很好，不能埋沒了自己的天賦。」我沒有馬上次應他的想法，便說：「這是我第一次聽你坦誠地說自己的困難，這很不容易。」

　　每個孩子都會有一個充滿幻想的階段，是在 4 到 9 歲，對世界充滿幻想，對自身的能力「莫名的自信」，男孩子堅信自己是英雄人物，女孩子會認為自己是小公主，他們對此深信不疑。從裝扮到言行舉止，都力求跟幻想中的人物同步，以此來滿足內心的自戀。隨著年齡的增加，隨著不斷經受現實的檢驗，孩子們不斷修正自己的幻想，逐步與現實接軌，慢慢接受自己真實的樣子。

也有一些孩子，一直停留在幻想的世界裡，一直拒絕去看現實世界的樣子，在幻想的世界裡獲得成就感，或者滿足感，認為自己無所不能，以此維持自己每天看似正常的生活。當然，更常見的是遇到重大的挫折和打擊之後，因為害怕面對而產生的自我保護式的「退化」，也就是說一個原本已經十幾歲的孩子，退回到自己幾歲時的狀態，相信幻想中的一切，拒絕接觸真實的世界。

在學業上受挫的孩子，退回到幻想世界裡尋求安慰，在那裡自己高人一等，能輕鬆搞定所有的事情，在某一方面具有異於常人的能力，自得其樂，難以自拔。在那裡沒有應付不了的課業壓力，沒有搞不定的人際關係，沒有辜負父母期望的愧疚，那是個烏托邦式的完美世界。

要想把這些孩子從幻想的世界拉出來，並不容易。虛幻的世界能滿足他們的內心需求，現實世界對他們而言，殘酷而冰冷。

然而，這是一種幼稚的防禦方式，沉浸在這樣的世界裡越久，面對現實世界就越難。強化他們在現實世界的能力是關鍵步驟。遺憾的是，大部分這類孩子的父母都是「打壓型」或是「過度保護型」的，看不到孩子身上的優勢，總是對孩子不信任、不放心。「你整天除了空想還能做什麼？」「這個你不會，讓我來。」這是他們經常掛在嘴邊的話，奇怪的是，越是如此說，孩子越是空想，由此惡性循環。

從來，父母都無法將孩子從他們幻想的世界裡硬「拉」出來，除非他們自己有勇氣、有力量往現實世界走，而父母的鼓勵和信任，會是他們的動力和力量泉源。

Story 13
將壓力轉化為動力？

對於壓力，我們最熟悉的一句話是什麼？「有壓力才有動力。」特別是對孩子，這樣的話說起來更加自然和篤定：「我知道你有壓力，有壓力才有動力呀。」「讀書肯定有壓力，進度跟不上也肯定有壓力，所以你更要努力啊。」更有甚者，直接以家長的角度來看待孩子的壓力，帶著嘲諷和不屑的口氣說：「你們讀書的那點壓力算什麼？等你進入社會，才知道壓力有多大，競爭有多殘酷⋯⋯」

無視、不接納、一廂情願地「美化」壓力，是我們最常使用的方式。

這個孩子開始跟我說話時，滿臉笑容，手舞足蹈，好像不是在講話，更像是生動地表演，完全看不出有任何情緒問題。然而，她談論的內容卻與表情完全不一致，她帶著笑談論她的痛苦，讓我有些毛骨悚然。

她跟我講述：她國小一到三年級成績都很好，上四年級之後，數學開始跟不上，新來的數學老師教學很嚴格，動不動就罰學生抄寫，會將做得不好的作業直接丟在地上，甚至撕碎扔進垃圾桶，她沒辦法，開始抄作業。成績漸漸跟不上之後，她開始失眠，有時整晚睡不著，玩手機打發時間，從四年級開始一直到六年級，漸漸對讀書有些放棄的想法，覺得自己反正學不好，還不如好好放鬆一下。我問她：「妳失眠那麼久，沒想過跟妳父母說嗎？失眠是件很痛苦的事。」她生動地學著父母的口氣，向我描

述，父母一定會這麼回應她：「誰叫妳整天玩手機？天天玩手機，能睡著才怪！」父母的觀念裡，小孩子是不可能失眠的，除非自己不願意睡，浪費時間來玩手機。對於成績不斷地下降，父母也理所當然地將全部罪責都歸結於手機：「妳天天對著手機，玩得那麼興奮，能睡著嗎？」父母偶爾想到會不會是孩子壓力太大，就立刻鼓勵孩子：「我們知道妳壓力大，壓力大所以妳更要努力呀！不要想那麼多，想再多也沒有用。」

她當時面臨的壓力究竟有多大？

我問她：「沒有想過跟妳家人解釋一下妳當時的處境嗎？」她搖搖頭說：「不想讓我媽媽擔心。」於是，她講起她家裡的故事。在弟弟出生之前，因為媽媽生了兩個女兒，所以不受喜愛，被爺爺奶奶要求出去住，她跟媽媽從家裡被趕出家門，爸爸沒辦法，只能跟著搬出去，一家人租住在一個小套房裡。孩子對那段記憶沒有過多的悲傷，只是一直替媽媽打抱不平，覺得媽媽很辛苦。媽媽雖然是家庭主婦，卻是標準的女強人，凡事要做到最好，事事追求完美，家裡總是一塵不染。當然，媽媽對孩子的要求也非常高，家裡總是充斥著媽媽的抱怨聲：「東西吃完不能丟進垃圾桶嗎？」「房間不能收拾一下嗎？我又不是你們的傭人。」女孩成為最體諒媽媽的人。為了不讓家人擔心，女孩在家都是一副沒心肝的樣子，表情誇張，說話都是連說帶演的，爸媽習慣了她的樣子，堅信她是不可能心情不好的，更不可能有情緒問題。也就是說，她在家裡是戴著「樂天派」的面具生活的。

她上四年級之後，課業漸漸加重，特別是數學，她上課開始聽不懂，作業不會寫。要知道，這個孩子在一到三年級成績一直很好，身為一個出生在明顯重男輕女家庭的女孩，成績是她證明自己價值的重要途徑，也是最容易獲得認可的動力來源。一到三年級的時候，學的內容比

Story 13　將壓力轉化為動力？

較基礎，大部分可以依靠記憶力來應付，這對許多智力水準普通的學生來講，是能夠透過努力或者多花時間彌補，保持學習優勢的階段。隨著難度逐年增加，從四年級開始，單靠勤奮累積的優勢漸漸式微，特別是對於數學這種更注重理解的科目，困難逐漸突顯。這些學生上課聽不懂，教育程度不高的家長無法進行輔導，加上老師本身對學生的負面評價，讓孩子在學校突然由好學生變成了壞學生。無法適應的心理落差，依靠自己的能力和方法無法提升的成績，引發了他們巨大的無助和焦慮。

　　女孩的同學關係也有了明顯的變化，三年級之前大家都是同樣的單純、懵懂，四年級的孩子們陸續進入青春期，同學喜歡的東西跟開始跟她有了差異，成績不好的同學漸漸接受了自己的現狀，玩遊戲、打架；成績好的同學確定了自己的目標，埋頭苦讀。不幸的是，她恰好是屬於成績不好，但又有所追求，看不上那些「墮落」的同學的那一小部分人。在班級中，她突然沒有了自己的位置，國小六年，她獨來獨往了三四年，不敢主動跟同學接觸，擔心對方不喜歡自己。這個表面不拘小節的女孩，在學校是極度壓抑的，生怕一不小心，就被全班同學討厭、針對，連獨來獨往的資格都喪失掉。多重壓力之下，四年級時她開始失眠，整晚整晚睡不著。但她什麼都沒說，完全靠自己獨立應對。

　　應對不了怎麼辦？逃。

　　手機就成了天然的逃避陣地，但也因此帶來了新一輪的壓力 ── 家人的不理解和責罵。表面看起來不拘小節、對凡事不在乎的孩子在這種時候會更吃虧，家長會誤以為跟她說什麼都可以，她承受能力超強，剛被罵完又嬉皮笑臉得像沒事一樣。對手機這個吸引眼球、公認會上癮、會讓孩子無法自拔的東西，孩子光明正大地拿著不離手，還不是不認真學習是什麼？不是自暴自棄是什麼？當然要及時糾正，要趁早罵醒她！

加上在家庭中不受喜愛的媽媽習慣性地抱怨，她在家裡變成了眾矢之的。由以前懂事、乖巧、會為大人分憂的孩子，變成了天天被罵，所有人都看不順眼的孩子。她將自己關在房間，拒絕所有的人際互動。

父母堅持有壓力更要應對，怕人更要與人接觸，不斷督促她，罵她自甘墮落，尤其是見到她手上拿著手機的時候，更是怒火中燒。她被數落得無地自容簡直成了家常便飯。

最後，她終於徹底憂鬱了，不斷自責，無法上學。

「有壓力更要努力，有困難就要面對。這不是最簡單的道理嗎？為什麼妳做不到？」有一句話形容這樣的論調特別貼切，叫做「站著說話不腰疼」。

我們真的了解壓力嗎？真的了解孩子的壓力來源嗎？真的想幫孩子一起去克服嗎？或許並沒有。

首先，壓力並不是在任何時候都能轉化成動力的，當然更不是越大越好。著名的心理學家葉克斯（Robert M. Yerkes）、和多德森（John Dillingham Dodson）很早就關注到這些現象了。透過一系列的實驗觀察，他們提出了「葉杜二氏法則」（Yerkes-Dodson Law）來闡釋心理壓力、工作難度和工作效率之間的關係。他們發現，在完成簡單任務時，心理壓力越大越認真，工作效率最佳。例如，像抄寫課文這種簡單的任務，越認真效率越高，越不容易寫錯字。而完成中等難度的任務時，維持適中的壓力比較好。這樣你既不會因為太緊張而慌張，也保持著一定的專注。至於什麼是中等難度，或者難度大小區分，因人而異，還是看你對自己能力的掌控。

在完成困難任務時，其實應該越放鬆越好。任務太難時已無法注意細節了，只能憑著直覺去做。讀書算是困難的任務嗎？對很多孩子而

Story 13 　將壓力轉化為動力？

言，的確如此，比如記憶、思考、練習，都需要在相對放鬆的狀態下進行，強行對自己施加過大的壓力，反而會適得其反。別說轉化成動力超常發揮，大部分時候根本就讀不進去，無法思考。

其次，最容易讓家長誤會的是孩子「故作輕鬆」。

「他哪像有壓力、有煩惱的樣子，整天漫不經心的，一放學就拿著手機看，頹廢、不思進取，他要是有壓力，我都想偷笑！」這是最容易被誤會和冤枉的一群孩子，他們看起來瘋瘋傻傻、不拘小節，回到家就是跟家長開玩笑，像個開心果。一到考試就變本加厲表現自己的無所謂：「反正就那樣了，複不複習都無所謂。」「大不了就不讀書，反正我無所謂。」加上他們一有空就手機不離手，在父母看來是典型的「無可救藥」。這些孩子出現情緒問題後，父母最大的反應不是擔心和自責，而是驚訝：「他？怎麼可能？你們搞錯了吧？」

我們總是以為，孩子都是表裡如一的，不可能戴著「面具」示人。然而，很多孩子的「面具」戴得比我們以為的更熟練、更早、更牢固。他們表現得漫不經心，對什麼都無所謂，是為了掩飾內心真實的焦慮，以及面對壓力時的無能為力。強烈的自尊心讓他們無法去表現自己的脆弱和壓力，當然，由此也會遭受更多的指責和謾罵。

按照心理學界目前流行的說法，壓力也分「冷」、「熱」，切勿以為只有孩子垂頭喪氣、唉聲嘆氣才是有壓力，孩子過度的故作輕鬆，也有壓力過大的可能。

最後，孩子告訴父母自己的壓力和痛苦，並不是要父母馬上幫他們解決，他們更需要的是支持和理解。很多家長習慣性地否定孩子的壓力和痛苦，是在潛意識中有這樣的顧慮：「我也無能為力，我能怎麼辦呢？」否認，往往是我們面對無法解決的問題時最常用的方式，假裝自

己看不見，假裝問題不存在。「一個國小生有什麼壓力？」「每天就只要面對讀書這點事情，有什麼問題？」我們害怕孩子有壓力，更害怕孩子有情緒問題，在目前的大眾知識範圍中，兒童青少年的壓力、憂鬱、情緒問題，對很多家長都是全新的領域，而對家長們不了解的，聽起來又不太像是好東西的事情，最容易的反應就是將它妖魔化，隔離、拒絕，安慰自己：「這樣的事情不可能發生在我的孩子身上。」

每當有家長問我這樣的問題：「我從來沒想過我的孩子會有心理問題，怎麼可能會發生在他身上呢？我真的想不通。」我總是有些哭笑不得：怎麼就不能發生在你的孩子身上呢？你的孩子是有神仙庇佑嗎？回過神來想想，在亞洲人的傳統教育觀念裡，確實更期望於自己的孩子有神靈庇佑，「平平安安、一切順利」，這是文化使然，我們害怕意外發生時應對不了，所以乾脆期望壞事永遠不會發生。

然而，孩子的成長真的一帆風順才是奇蹟，又或者是，並不見得是一件好事。

回到前面討論的話題，當孩子告訴你他有壓力的時候，他到底期待的是什麼？是你去幫他解決問題，幫他讀書，幫他讓老師對他不要那麼嚴格嗎？這是大多數家長聽到孩子「訴苦」的第一反應。然而，這其實低估了孩子自己的心智能力，大部分能表達壓力的孩子，都清楚地知道，哪些是自己的事，哪些是家長的事。「我當然知道讀書是自己的事，只有靠自己去面對。」那問題來了，既然是這樣，那麼告訴家長是為了什麼呢？有意義嗎？

當然有意義。無論孩子多麼叛逆，多麼故作不在意，家人都是他們潛意識中覺得最可靠，或者希望最可靠的人。家長們往往忽略了，家庭成員之間除了事實上的支持和幫助，其實還包括情感上的支持。這就像

Story 13　將壓力轉化爲動力？

丈夫明明知道妻子不可能幫自己解決工作上的壓力，還是要回家跟妻子抱怨自己的上司，抱怨自己工作的辛苦是一樣的，只是想尋找情感上的安慰。有了來自親人和伴侶的支持，他們就能夠重拾信心，去應對生活的難題。

面對孩子的時候，奇怪的是，這個最簡單的理論會自動被家長封鎖，將其辨識成：「他在期望我幫他解決問題。」不排除有懷著這樣的期待的孩子，但對大多數孩子而言，是希望得到理解和支持。家長很快又有新的擔憂了：「我認同了他的壓力，他以此為理由，更加不思進取怎麼辦？」果然是家長難當，總有數不盡的擔憂。認同，代表接受，代表縱容；否認，代表不存在，代表可以含糊帶過。

其實孩子想聽到的是：「我知道你的壓力，我理解，我知道很困難，爸媽也沒有經驗，但是我們想跟你一起面對，我們一家人一起面對。」

Story 14
愧疚教育與拒學有關嗎？

　　愧疚教育是許多父母教育孩子的一大法寶，代代相傳，經久不衰。父母為孩子活，孩子在巨大的壓力和自責之下，也不得已為父母而活，並且努力活成父母期待的樣子。

　　大概沒有人會想到，愧疚有時也會跟拒學連結在一起。

　　「你怎麼這麼不理解父母的心？」「你怎麼這麼自私？」「你就只想著自己，什麼時候想過爸媽？」「你是不是存心想氣死我？」這些話像無數座大山，壓著很多孩子，他們拚命努力，但父母似乎永遠不滿意。

　　我見過一個剛上國二，並不特別聰明的女孩，她的父母想盡辦法把她送進了當地的升學國中，一直希望她考上好的大學。她國小的時候成績還可以，國中後雖然也認真聽課，努力學習，但成績一直沒有進步，父母，特別是媽媽完全不理解，教訓她：「肯定是妳不認真，認真努力了怎麼考得這麼差！每天什麼都不用做，就讓妳好好讀書而已，很難嗎？妳能不能為父母著想一下，我們又不是什麼有錢人的家庭，妳以為花錢送妳進升學國中很容易嗎？」父母一想起來就要數落她一番，她聽著，面無表情。

　　她說：「我也覺得自己的確不努力，考前也從來不複習，上課有時候也會走神。」但想一想又補充道：「但我上課真的聽不懂，無論我怎麼努力，好像在都表現不在成績上。」她說無論自己怎麼做，媽媽都不滿意

Story 14　愧疚教育與拒學有關嗎？

自己，經常在家裡數落自己，罵自己懶、不做家事，但媽媽對做家事有個很奇怪的標準：比如，自己拖地，媽媽會盯著自己，讓自己拖快一點，但是自己很快拖完又會說自己拖那麼快，沒拖乾淨。「到底怎麼拖地才是正確的呢？」她一直很疑惑。她長時間情緒低落，偶爾會有輕生的念頭，不過轉念又會想：父母照顧自己花了那麼多錢，如果自己放棄生命是浪費了他們的錢，又覺得活著是拖累父母，進退兩難。

我為他們安排家族治療，孩子坐下來，幾乎不說話，眼淚卻像開了閘似的流個不停。這個家庭經濟壓力很大，爸爸每天都要工作，媽媽身體不好，只能做一些手工貼補家用，他們貸款買了房，買了車，每個月都要還貸款。爸爸回到家不是睡覺就是玩手機，基本上跟孩子沒有交流。家裡還有一個特別會說好聽話，哄媽媽開心的弟弟，顯然媽媽更喜歡弟弟一些。媽媽一開口，就習慣性地換上責備的語氣說話，說女孩「懶」，不做家事，也不跟父母交流，整天板著臉，好像父母欠她似的。當媽媽再次強調：「她都不願意跟我交流，什麼都不跟我說，我怎麼知道她在想什麼？」語氣裡都是責備，孩子在旁邊低著頭，一言不發。我下意識地接了一句：「這也是孩子的錯嗎？」媽媽愣住了，沒有接話。孩子此時突然抽泣起來，哭得很委屈，眼淚止不住地掉。媽媽還是很困惑：「我對她夠好了，生活上照顧得很周到了，自己捨不得吃的都買給她吃，她還是覺得我對她不好。」爸爸大部分時間保持沉默，沒有幫女孩說話，只說了一句：「她媽媽說話我也受不了，所以我回到家都不想說話。」是啊，爸爸不喜歡說可以不說話，可以盡量選擇加班，但是孩子不行，他們無處可去。孩子對母親有著天生的忠誠，她會盡最大的努力去讓媽媽滿意。

這個孩子有自殘的習慣，與大多數孩子自殘是為了宣洩情緒不同，她自殘的原因比較特別：「每到晚上，我一個人獨處的時候心情就會特別

低落，有一種我欠了別人什麼的不安感。」這樣的時候，她會不自覺地拿起美工刀或者其他利器，劃自己的手臂。「劃多少道呢？」「劃到覺得舒服為止。」「要劃出血嗎？」「要，看到血流出來心裡才會舒服。」「痛嗎？」「不怎麼痛。」做完這些，她會有一種如釋重負的解脫感。

聽她的講述，我腦中不自覺地浮現出哪吒割肉還母，剔骨還父的故事：哪吒是女媧的一顆靈珠子轉世，看似不錯，應該有大發展。結果身為凡人的父親不理解，直接把他當成怪物看待，於是後面發生了一出悲劇。

哪吒在後面與東海龍王的兒子發生了衝突，結果哪吒性格暴躁，直接抽了東海龍王的兒子的龍筋，犯下了大錯。身為父親的李靖勃然大怒，原本一開始就不喜歡哪吒，認為他跟自己一點也不向，竟然還犯下了這等錯誤。龍王準備發大水淹沒整個陳塘關，也讓身為陳塘關總兵的李靖面子掛不住。李靖身為守將，闖禍的居然是自己的兒子，他悲憤交加之下，直接表示不認這個兒子。而哪吒更是生氣，堅持自己並沒有做錯，不肯委屈低頭。互相刺激下，直接出現了一個令人落淚的情節，哪吒將自己的肉一片片割下來還給母親，把骨頭一塊塊剔下來還給父親。

按照中國傳統文化的標準「身體髮膚受之父母」，哪吒此舉更是大逆不道，自己做錯了事，不認錯，還做出了這麼有違常倫的事情，簡直是大大的不孝。我們能理解哪吒當時的委屈和憤怒，以及不被家人理解和支持的絕望。

這個女孩，很多時候大概也有這樣的委屈、憤怒、絕望以及強烈的無助感。這些感覺每天消耗著她的心理能量，當面對學習困難，加上怎麼努力都無法提升成績的無助，拒學就成了一個並不意外的結局。

當然，愧疚也可能來自「生命無法承受之愛」。當父母都是為自己

Story 14　愧疚教育與拒學有關嗎？

活，做什麼事情都是為了自己的時候，我們要拿什麼來回報這無比沉重的愛呢？

另外，有一個男孩子剛上國一，他沒有特別激烈的症狀表現，整個人就像是一潭死水：做什麼都提不起勁，整天無精打采，不願意說話，不想動。他想到未來便感覺無比悲觀，甚至有尋死的想法，不過沒有實際行動，因為堅信死了父母會傷心，這麼做對不起父母。有時候他會憑空聽到有個聲音跟自己說「你沒用」，這聲音久久揮之不去。

他第一次見我就滔滔不絕地跟我陳述自己拖累父母的種種「罪行」，深信沒有自己，父母會過得更好，爸媽經常因為自己的事情吵架，因為自己花錢的事吵架，對自己成績要求很高。他說：「我真的不希望讓父母失望，但怎麼努力都沒有效果。」「我真的很不孝，爸媽對我那麼好，我卻什麼都做不好，還讓他們傷心。」我問他：「你都有什麼做得不夠好呢？」他想了想，似乎也想不出具體的例子，便籠統地回應：「我就是什麼都做不好，全身上下一無是處。」我嘆口氣，不知道該如何接下去。

他的爸爸比媽媽大 20 歲，是再婚，他還有一個同父異母的姐姐。爸爸家的親戚對媽媽不認可，完全不來往。從他小時候起，父母就經常因為他的教育問題吵架，念書誰來管，要不要上補習班，要不要做家事，甚至該給孩子吃什麼，都會成為爭吵的焦點。爸爸會對媽媽說：「既然我們有代溝，那就你來管！」媽媽便獨自垂淚，對孩子說：「你要懂事一點，不要讓爸爸媽媽這麼操心。媽媽只有你這一個兒子。」他從很小的時候就堅信：如果沒有自己，父母就不會吵架。有很長一段時間他放學之後就去麥當勞寫作業，不想回家。他有一個執念：自己不回家，爸媽看不到自己就不會心煩，就不會因為自己吵架，他們就會過得開心一點。

在他的眼中，父母都是為了他在付出，尤其是買房子，都是為了自

己,為此欠了很多錢,不得不拚命工作,過得很辛苦。他略帶沉思地說:「他們這些錢都是為我花的,我覺得都不用花,如果沒有我,這些錢他們就可以自己花,生活過得會好一點。」

此時,我才知道他從小就學著省錢,早餐都是買最便宜的,把錢省下來,過年的時候交給父母,給父母一個驚喜。他一臉滿足:「他們會很開心,誇我懂事、孝順。」他生病發燒也不跟家人說,自己忍著照常去上學,不想父母知道了而擔心。

又比如,他想拼個樂高放鬆一下,就拜託父母買了樂高,結果越拼越緊張,因為擔心自己拼不好,浪費了父母的錢,總是覺得積木少了一塊,怎麼拼都拼不好;又覺得自己沒有資格玩積木,什麼都做不好,還要花家裡的錢。本來想放鬆,結果成了負擔。

與班上的同學相處,他總是一邊羨慕對方,一邊又在心裡鄙視對方。比如,有一個孩子家裡很有錢,經常穿名牌球鞋,也會像其他青春期裡想展示自己的孩子一般,沒事就故意把腿伸得很長,吸引別人的注意去看他的鞋。男孩一方面很羨慕對方,覺得那腳上的鞋子很帥;另一方面又在心裡不屑,認定對方浪費家裡的錢,是紈褲子弟。他從上國小開始,就不再讓父母花錢為自己買衣服,一年四季都只穿制服。他彷彿超越了外表膚淺的評價標準,將省錢作為自己全部生活方式的終極標準。他跟同學在一起的時候,會很煩躁,覺得同學整天嘰嘰喳喳,一下課就打打鬧鬧,而自己下課都在座位上寫作業,寫習作。他自己買了練習冊,規定每天完成的量,不分白天黑夜地用功學習。他說最希望的就是自己一個人待著。我於是問他:「一個人時你想做點什麼呢?」他說:「我會從教室跑到餐廳裡,遠遠地看著我的同學們在那裡打鬧玩笑,心裡很羨慕。我喜歡這樣遠遠看著別人玩的感覺。」

Story 14　愧疚教育與拒學有關嗎？

　　他的內心總認為自己什麼都不配，努力做一個旁觀者，甚至覺得自己連做旁觀者都不配。

　　爸媽最大的願望就是希望他成績好，能考上理想的高中，排名能進到班級前五。為了實現這個目標，他買了練習冊，每天為自己額外安排作業。他天真地想：「我一個月比別人多做五本練習冊，應該就能進前五名了。」其實他離前五的成績差距不小，不可能在短時間內就突破和超越。並且，因為給自己的壓力太大，他上課漸漸無法集中注意力，遇到需要較多思考的題目他都無法像之前一樣思考，稍微難一點的題目就做不出來。他心裡的無力感再次加重：「無論我怎麼努力，還是什麼都做不好，只會為父母添麻煩，我就是個廢人。」

　　他說，他經常有輕生的念頭，有一次他告訴父母自己這種想法，爸爸將他罵了一頓說：「你怎麼會有這樣的想法！你還有哪些不滿意的？我們對你不好嗎？」此後，他的內心話，再也不跟家人說。他說自己想考當地最好的高中，但是不敢告訴父母，因為父母知道之後肯定會說：「別做夢了，你怎麼可能考得上？」他的想法很少得到父母的尊重，幾乎都是否定，比如說，他想有自己的空間，讓父母不要隨便進自己的房間，父母便會一臉的不可思議：「你還這麼小，有什麼隱私？」

　　一到放假，他便會過度沉迷於遊戲，每天只睡兩三個小時，把所有的空閒時間都花在遊戲上。他喜歡一款叫「Minecraft」的遊戲，就是在一個虛擬的空間中，去蓋自己的房子，蓋生活的小鎮，建造自己理想中的世界。他說：「我覺得遊戲中我蓋的那個家，比我現實中的家還要溫暖。」大部分時間，他都是進到遊戲中去砍砍樹，砍完之後就自己躺在房間的大床上睡覺。他在虛擬世界中的房間只有一張大床，那便是他理想中的家。他一個人住，想做什麼就做什麼。他可以一直在遊戲中的床上睡

覺，什麼也不做，就這麼一待好幾個小時。

我每次見他的父母，他們臉上都是帶著滿臉焦慮、緊張，生怕孩子有什麼閃失，即使他已經十幾歲，父母出門都隨身帶著各種東西，生怕他渴了、餓了。爸爸媽媽很坦誠：「做父母的這輩子，不就是為了孩子而活嗎？我們自己辛苦一點不要緊，只要孩子過得好。」

是的，大部分無私奉獻的父母會說：「我們為孩子付出，並沒有想著要他回報，他只要開開心心的，平平安安的就行了。」只是，每個人都不可能白白受別人的恩惠，哪怕是來自自己的父母，只要不是完全冷血的人，都會想著回報。何況，人的天性中，都會有「自私的一面」，身為父母，怎麼可能不對孩子抱有期待和要求呢？「我只是希望他平平安安、順順利利的，讀個好學校，將來找份好工作，就這麼簡單。」然而，這樣的標準，對一個孩子的成長而言，卻並不簡單，成長總是伴隨著挫折、麻煩，甚至倒退的，父母賣力付出，孩子又將如何心安理得地自處呢？

除去愧疚教育這座大山，能夠讓孩子「輕裝上陣」，孩子背著巨大的包袱，注定是走不遠的，在走不動的時候也更容易放棄。拒學，也就由此產生。

Story 15
老師會影響孩子上學嗎？

在孩子成長的關鍵階段，老師就是他們的神，老師的話能夠輕易地左右他們對自己的評價，甚至是對於這個世界、對於他人的看法。當教師職業的崇高性漸漸缺失，當教師越來越被市場經濟的「快捷實惠」的價值觀影響，「唯成績馬首是瞻」的時候，這些孩子又將何去何從呢？

國中時，因為英語成績不好，老師經常罵他，說他考不上高中，只有讀職高的份，甚至讓班上的同學少跟他往來。由此他對英語課非常反感，上課幾乎都沒在聽，英語考試到後來都是靠猜的，只能拿二三十分。加上學習壓力逐漸加大，無法達到之前的成績排名，每到考試，他都非常緊張，生怕自己考不好。他原本就沒什麼自信，容易受打擊，國二時，實在堅持不下去，他便從教學樓二樓跳了下去。但他說得很清楚，並不是想死，只是想讓學校和家裡同意他不上學。他摔斷了腿，坐了一個學期的輪椅，媽媽每天推他去學校，然後在樓下的小教室裡等著，以便他有什麼緊急情況老師可以隨時找他媽媽處理，就像國小生陪讀。他休學的願望沒有實現，反而要忍著痛堅持上學。

見我的時候他已經上高二，卻依然對這段往事耿耿於懷，認為那個英語老師不配當老師，希望有機會狠狠地罵她一頓。

另一個孩子正讀國二，她很認真地表達自己，控訴自己的國小老師。她國小時成績很好，但不是那種特別聽話的孩子，不拘小節，有時

會讓老師下不了臺。導師年紀比較大，要求嚴格，且比較傳統，覺得女孩子就應該有女孩子的樣子，應該矜持、守規矩、聽話。因此，總是不斷提點她要改正，要注意，甚至有時會當眾罵她。但她完全不認同老師這一套規矩，覺得老師太守舊古板，依然我行我素。這個老師表示幾十年的教書生涯都沒有遇到過這麼不聽勸的學生，覺得此學生無可救藥。進而，老師要求全班同學都不要跟她做朋友，在班上將她罵得體無完膚，她一個人躲在廁所哭了一整天，沒有同學敢去安慰她。之後的幾年，她便一直獨來獨往，一直沒有朋友，完全靠自己硬撐過來。幸運的是，她的成績一直很好，她覺得生活還算過得去。

有一次因為她成績退步，媽媽就打電話去問老師孩子成績不理想的原因，結果，老師就把她叫到辦公室罵了一頓，她被罵哭了。她說：「我曾經因為這個事情告訴過父母很多次，我在學校被老師這樣對待，我想爸媽幫我主持公道。」爸爸媽媽都嫌麻煩，覺得多一事不如少一事，反覆告訴她：「妳嚴格要求自己就好了，不要去管老師怎麼對待妳，更不要『得罪』老師，他慢慢看到妳表現好，就會改變對妳的態度。」她咬牙切齒地重複父母當時的話，情緒仍然激動，她說：「爸媽總怕麻煩，怕惹事，但我在那個時候是最需要支持，最需要幫助的，父母卻沒有支持我。」

爸爸媽媽表示說他們並不知道事情這麼嚴重，他們以為老師可能只是對孩子嚴厲了一點而已，完全沒想到對她的傷害這麼大。他們以為只要孩子收斂一點，事情就會過去。但對孩子而言，本來就很少跟父母表達她內心的想法，好不容易下定決心，猶豫地說出來，不但沒有得到支持和安慰，還被要求從自己身上找原因。教育孩子反思自己並非是錯的，只是在孩子一開始向父母求助的時刻，接收到的是說教的話，她的感受就完全被忽略了，情緒沒有被理解、被接納的支持，就不可稱為真正意義上的支持。此後，她便逐漸關上了心門，壓抑情緒，很少對父母

Story 15　老師會影響孩子上學嗎？

吐露真實的想法，長時間孤立無援，內心壓抑。

還有一個例子，這是個六年級的小女孩，看起來有超乎年齡的成熟，但也有與年齡不相符的悲傷。她找不到讀書的意義，雖然成績不錯，但對讀書總是提不起太大的興趣，特別是數學，看到數學課本就煩，一聽數學課就頭痛。

這種狀況是從國小四年級開始的，國小一到三年級，她一直都是班上的佼佼者，各科成績都很好，大家都很羨慕她，覺得她很聰明，沒有特別讀書也考得很好。數學老師很喜歡她，她那時的數學成績也很好。上四年級之後，教學內容一下子難了許多，特別是數學，她開始覺得有些吃力。正巧，原來的數學老師懷孕休產假，換了一位數學老師，據說是有三十多年教學經驗的全市教學名師。這個名師一來，正好碰上數學成績普通，上課還心不在焉，經常神遊的她，便時時提點她：「妳上課在做什麼？看妳像什麼樣子！我看妳這樣子將來也沒什麼出息。」又說：「這麼簡單的題都做不出來，我看妳就是個廢物，還自以為是，以為自己很聰明。」有時候，又轉換成調侃諷刺的語氣：「像妳這麼聰明的同學，我是教不了了，可能只有教授才教得了。」她回憶起這些話語，說的時候，眼淚在她的眼眶裡打轉。她用低低的聲音說：「他每次都是當著全班同學的面罵我，其他同學就一直在笑，他們覺得老師很幽默。」據她說來，這個老師對成績好、努力的學生完全是另一種態度，從來不罵，說話都是溫柔的，解題也無比耐心。對待像她這樣成績普通的學生卻非常不客氣，曾經還當眾羞辱一位同學：「我看你笨得跟豬差不多？你還來上課做什麼？像你這麼笨的豬，乾脆回去吃飽睡睡飽吃好了！」話音剛落，全班哄堂大笑。

因此，很多同學都很喜歡上這位老師的課，覺得老師經常開玩笑，上課很幽默。大概這些十幾歲的孩子，還不明白有些玩笑看似幽默，卻

是在踐踏被調侃者的自尊,在他們的傷口上撒鹽。於是,當這個女孩跟好朋友傾訴說老師有時候罵人太過分,太不尊重人的時候,好朋友給她的回應是這樣的:「我覺得那個老師還不錯,上課幽默,又有耐心,妳不要這樣說他,這樣對老師不尊重。」言下之意,是妳不認真、不聽話才被罵的,妳要反思你自己。她於是將準備說的話嚥了下去。她又去找一直對她很關心,很欣賞她的導師,希望導師能幫她跟那位老師說話,不要當眾罵她,有什麼要說的可以私下找她。導師的回應是這樣的:「老師也是為了激勵妳,是為了妳好,是為了上課時提醒妳認真聽課。」可能這是經驗豐富、德高望重的老教師,而導師一般都是由年輕老師來擔任這個苦差事,所以導師不敢輕易得罪前輩。她又嘗試告訴媽媽,媽媽跟她講了一大堆道理,大意就是:妳做好自己就行了,別管別人怎麼說妳。末了,不忘加上一句:「妳本來上課就經常分心。」

她求助了一圈,最後得到的回應都是:是妳自己做得不好,妳自己要反省,老師是為了妳好。她開始陷入無盡的自我否定中:我真的那麼差嗎?我真的自以為是嗎?我真的很笨嗎?她想不通,漸漸開始自暴自棄,只要一到數學課就發呆、神遊,偷偷畫漫畫人物,由此惡性循環。

一個在名校上國三的女孩,跟我義正詞嚴地控訴老師的表裡不一:表面上人人平等,其實只喜歡成績好的同學。班上一個男同學成績好,又很會討老師歡心,因此,即使違反規定也不會被罵,老師最多輕描淡寫地說一句:「下次要注意。」換作是成績不好,老師不那麼喜歡的同學,那一頓劈頭的痛罵絕對是免不了的。

這位老師以成績來衡量學生的優劣,學生成績一退步立刻遭受他的厭惡。她的一位同學之前的成績一直在班級前幾名,是老師天天掛在嘴邊的「大家要向她學習」的資優生,看她是怎麼看怎麼喜歡,每天都要表

Story 15　老師會影響孩子上學嗎？

揚她好幾次。全班同學都乖乖坐著，只有她會被老師誇讚一番：「××同學，上課一直都是這麼認真。」然而風水輪流轉，上了國二之後，這位同學的成績退步到了班級十名左右，雖然在這個名校也算是佼佼者，然而老師的態度已經有了明顯的變化：有「好事」不會第一時間想到她，而是想到成績更好的同學；很少提到她的名字誇獎她，誇獎的都是其他同學；看她的眼神不再那麼溫柔，總有些難言之隱。這個女孩說起自己同學的遭遇時簡直是義憤填膺，我想，她是從對方身上看到了自己的影子。

女孩好不容易上了這所名校之後，立刻遭遇如此打擊，到國二成績已經在班上處於墊底的位置。她在班級中慢慢失去了存在感，即使為班級活動做了很多事情，老師也幾乎沒看到，提都不提，更不會表揚。老師只要看到是成績好的同學做了事，立刻誇獎：「成績這麼好還為班級做這麼多事，你們要向人家學習。」要知道，國小的她也是「天之驕女」，老師口中最有前途，最值得誇讚的孩子。

如此迅疾的變化，原本更應當出現在殘酷的社會競爭中，而十幾歲的他們不得不提前面對殘酷的社會現實，不知道該如何自我調適。

她一度覺得這個世界很假，沒有誰會真正地永遠對自己好，欣賞自己，要想在這個社會上生存，就必須戴著厚厚的「面具」。她不喜歡戴著「面具」示人，但自己又不得不戴著「面具」去面對所有人，在所有人面前都努力表現自己最好的一面，盡最大的努力去贏得別人的關注和喜歡。

這些故事，我會反反覆覆聽到，很多時候我找不到恰當的回應方式，連我自己也困惑起來。

教師這個在以前無比崇高的職業，受所有人尊敬的職業，被市場經濟和商業社會包裹著，漸漸迷失了方向。以前「一日為師，終身為父」是發自內心的情感和約定，而現在，更像是一個口頭禪，說過便雲淡風

輕，轉眼即逝。在大多數人都以收入來衡量一個人的價值的今天，老師成了一個上不去，下不來的尷尬族群。知識分子的自尊以及社會道德，讓老師不能心安理得、光明正大的以利益為導向與學生相處，這就像是在講臺上表達：「我只重視成績好的學生，因為成績是跟我的績效掛鉤的。」「你以為你們這麼難教我會發自內心地想教你們嗎？還不是為了薪水和獎金。」「要是我的班上都是成績好的學生，大家都是一教就會的該多好。」然而，在這個講求效益，處處以經濟價值來衡量的社會，在這樣的價值觀之下，教師真的能完全不受影響嗎？

教師職業本身的崇高和教師的精神層面達不到這樣的要求之間必然存在著矛盾。

究竟應該何去何從？

在孩子成長的關鍵階段，老師就是他們的神，老師的話能夠輕易地左右他們對自己的評價，甚至是對於這個世界、對於他人的看法。當教師職業的崇高性漸漸消失，當教師越來越被市場經濟的「快捷實惠」的價值觀影響，「唯成績馬首是瞻」的時候，這些孩子又將何去何從呢？

Story 16
離不開媽媽，如何能上學？

　　這個世界上，確實存在一輩子都離不開媽媽的「孩子」。在古代，生產和生活都已家族為單位，讓離家成為一種離經叛道的「不孝」。最典型的是《紅樓夢》中，賈寶玉從小只需在家塾中上學，同學朋友都是同宗族的親戚，從未不經同意遠離過家，「行動就有人知道」。包括娶妻、生子、工作，都可以由家庭提供「一條龍服務」，保證世世代代的家族傳承。即使是家庭經濟狀況不好的子弟，也都想辦法攀上自己的宗親，好謀個差事，「父母在，不遠遊」，更是世代祖訓。重視家族傳統的人，進入了市場經濟時代，孩子在不同的成長階段需要去探索外面的精彩世界，去接受洗禮和成長，也需要父母，特別是媽媽做更多的準備，遺憾的是，在這方面很多家長並沒有經驗。

　　離不開媽媽的情況，在年齡小的孩子身上更常見，精神科對此有一個專門的診斷叫分離焦慮。然而，這卻並不是小孩子的專利，我見過大一的「男子漢」，每天打電話回家，跟媽媽哭訴自己在學校有多麼痛苦，每天過得有多煎熬，反覆問媽媽：「我今天能不能回家？我在學校待不下去了。」

　　過去吃過苦，又只有一個孩子的父母，從心底見不得孩子吃一點苦。不忍心，是媽媽們最大的死穴。

　　「我們是鄉下出身的，小時候家境貧窮。現在只有一個孩子，經濟狀況又不錯，肯定是想把最好的都給子女，畢竟只有這一個孩子。」這是

前文提到的上大一還打電話回家哭訴的孩子的媽媽的原話。接著，她又解釋道：「我有時候也想堅持原則，我也知道他這麼大了，不能什麼都遷就他，什麼都幫他做，但是每次我不答應他的要求，他都痛哭流涕，說自己過得很痛苦，很想死，我實在看不下去，實在不忍心。」這個媽媽是位老師，從她的言談中，我深知她完全知道應該怎麼做，她談到育兒道理就像講課，頭頭是道，一邊講一邊舉自己孩子的例子，跟我講述她的慘痛教訓，反覆告訴我：「這都是我這麼多年吃虧總結出來的。」這真的是個理論脫離實踐的經典案例，因為母親的不忍心，從孩子上國中開始，父母就不斷扮演著為孩子「擦屁股」的角色。

　　國中升學考試前，一向成績優異的孩子因為緊張、焦慮，出現頭痛、失眠，成績明顯下滑，為了證明自己的實力，他決定鋌而走險，在一次模擬考中作弊，結果被當場發現，父母擔心處罰會讓孩子留下不良紀錄，就動用各種關係，最終這件事不了了之。孩子大考發揮不太理想，結果上了一所普通的高中，他又哭又鬧，一定要進高中的升學班，父母又設法搞定了。去了升學班之後他覺得學習壓力太大，跟不上，國中曾經是佼佼者的他，在班上只能墊底，跟同學也無法相處，於是，父母幫他換到普通班。換到普通班之後他仍然無法適應，在班上交不到朋友。在高二時，他打死也不願去上學，不作任何解釋，就丟給父母兩個字：「不去」。父母無奈，只好又去找借讀的私立學校……聽到這裡，我有些驚訝了，便問：「你們有那麼多辦法嗎？他想轉到哪裡都能滿足他？」媽媽的眼淚在眼眶裡打轉：「我們也不是什麼有錢有勢的人，但是他不願意去呀，有什麼辦法？只能硬著頭皮幫他找，私立學校就花錢解決。」如大家都猜想到的，他在私立學校讀了一個多月，便堅持不下去，認為學校束縛太多，要獨立面對的事情太多，自己快要崩潰了。於是，從高二下學期開始，一直到上大學，他都一直休學在家，偶爾看看書。

Story 16　離不開媽媽，如何能上學？

父母幫他報的一對一補習班，他只去了兩次便不肯再去。

萬幸的是，他大學考試居然超常發揮，分數遠超過想要報考的學系，一家人歡欣鼓舞，期待著他進入大學之後，就能一切順順利利，從此不用家人再操心。這是媽媽傳達給我的最真切的期待，也是她每次幫兒子「善後」之後最真誠的祈禱：「搞定了這件事，接下來應該就平穩了，他自己就能上學了吧？」「幫他解決了這個問題，他之後就能自己解決問題了吧？」當然，這樣的願望大多以失望告終。

上大學之後，他整夜失眠，住不了學生宿舍，於是就花錢租屋，好不容易將租屋的事情搞定了，課程的學習壓力又接踵而至，他上課聽不懂，作業不會寫，要應付社團的事情，要應付人際關係。他動不動就打電話給媽媽說：「太多事情要處理了，我頭都要炸了，我好難受，我不知道該怎麼辦，我要回家……」媽媽崩潰了：「我以為上了大學，就一切都會好起來……」

我們不用改變自己的模式，事情就會自動好起來；我們不用跟孩子分離，孩子到了年齡就會自動懂事，自動去外面的世界闖蕩，這是很多父母發自內心的真誠期待。或者，應該換一個詞——幻想。

若是不採取行動，孩子甚至可能到80歲還是孩子，還是只要離開父母就不知所措的「小朋友」。

當然，母子（女）分離，有一個好的隊友尤為重要。父母雙方一方過度保護，一方過度嚴厲，或者同一個人時而嚴厲，時而毫無底線地妥協，是最常見，也是最直接的分離焦慮原因。

女孩7歲，上二年級了，一個多月後，突然無法正常上學。她每天早上不願起床，媽媽幫忙梳洗好也不願出門，好不容易出門了，來到學校門口不願進去，媽媽陪著一起也無濟於事。

這樣的變化有一個明顯的觸發事件，在拒學問題出現的一週前，爸爸約了飯局叫媽媽一起前往，原本下午五點半開席，結果客人遲到，媽媽沒有趕得及去接在安親班的女兒，而是拜託鄰居去接。她當天晚上沒有大哭大鬧，但明顯情緒很差，第二天早上上學就哭著說：「媽媽沒有去接我，我不願意上學，我要媽媽陪著上學。」媽媽斷然拒絕。第二天早上她反應更激烈，到學校門口不願下車，一直在車裡哭鬧，爸爸跟她溝通好久之後，終於忍不住打罵了她，她才哭著進了校門。後來她漸漸無法上學，每天上學時都哭鬧一番，來到學校門口不願意下車，把穿好的衣服鞋襪都脫掉，情緒幾乎失控。在家休息一週之後，媽媽無奈陪著她一起上課，雖然她基本上能正常上學了，但仍然情緒低落。

她反覆控訴媽媽：「媽媽沒有準時來接我，媽媽說話不算話。」後來又說道：「有同學說我壞話、罵我，有同學不跟我玩，老師對我很凶……」值得一提的是，這個女孩在上一年級時也是媽媽陪著上課一個多月之後才慢慢能正常上學。

我見到他們一家人時，才發現這是典型的「嚴父慈母」組合，媽媽是家庭主婦，溫柔而脆弱，爸爸愛面子、獨立，所有壓力和情緒都自己扛，說話大聲，有輕微潔癖，不容忍家裡有一點不整齊，比較沒耐心，很容易發脾氣。媽媽和女兒一樣，都怕爸爸。有一段時間，到了爸爸下班回來前的一兩個小時，媽媽整個人都開始焦慮，緊張地檢查家裡的每個角落，確認每一件東西是否都擺放整齊，把家裡打掃得乾乾淨淨之後才能鬆口氣。大多數家庭的妻子見到丈夫回家都是開心而期待的，這個媽媽不一樣，她總是小心翼翼，一直到丈夫從進門到吃飯都沒有任何發作，這才稍微安下心來。

遺憾的是，這樣的時候並不多。

Story 16　離不開媽媽，如何能上學？

　　爸爸負責輔導孩子寫作業。當然，這又是一個火藥味濃烈的「戰場」。爸爸總是搞不懂：「為什麼妳不會寫也不問我，要自己亂寫？我不是叫妳不會的問我嗎？」女孩不吭聲，爸爸更生氣，劈頭痛罵一通，女孩只是哭，仍然不說話。媽媽看不過去，想上前勸一勸，往往會被牽連：「慈母多敗兒，什麼都順著她，以後凡事都那麼嬌氣還得了！」爸爸屬於情緒快速宣洩型，每次罵完人，覺得神清氣爽，於是邀約家人：「一起去走走吧，放鬆一下。」母女倆當然不領情，依然憋了一肚子委屈的眼淚，兩人便在家互相安慰，女兒對媽媽有著深切的同情和依賴。

　　爸爸十幾歲時，爺爺就去世了，爸爸一個人在外求學，之後又獨自在外闖蕩，他的生存之道就是盡可能快速地處理情緒，然後以最快的速度去解決眼前的問題，比如，把沒放好的東西放好，改正沒寫對的題目。幾十年來這樣的方式讓他在社會中贏得了一席之地，幫助他獲得安全感，抵禦生存焦慮帶來的不適感。他總是覺得奇怪：「我也不是要罵她們，只是要讓她們改正，只是說話大聲一點，不知道她們為什麼都那麼害怕，結果好像我做錯了事情一樣。」因此，即使在家族治療裡，看到孩子或者妻子掉眼淚，他總是很不自在，不自覺地會對妻子說：「妳下去走走吧。」又對女兒說：「妳去找姑姑吧。」爸爸迴避一切的負面情緒，他希望家人都以最快的速度振作起來，解決問題。

　　於是，小女孩的負面情緒變得無處安放，父親像堅硬而且帶刺的仙人掌，無法接近，母親雖然溫和，但太脆弱，似乎處理自己的情緒都力不從心，更無從安慰孩子。兩相權衡之下，她只能像抓救命稻草一樣抓住媽媽。這也就能理解為何媽媽的一次失約，對她而言會造成如此巨大的衝擊。

　　孩子都是從信任家庭成員開始信任外面的世界的，在不安全的關係

中長大的孩子，無法輕鬆自如地去探索世界。而上學，就是探索外部世界的最重要、最直接的一步。

無法跟母親分離的孩子，總是試探著向前，稍有風吹草動便驚慌失措，瑟瑟發抖地尋求著單薄的溫暖和安慰。

所以，上學如何不難？

Story 17
媽媽，我不想上學，可以嗎？

為什麼大部分孩子都是有事找媽媽？尤其是在學校遇到困難，想退縮，想回家的時候，我接觸的案例中有九成的孩子都是找媽媽。有的孩子可以一天打十幾個電話給媽媽，不斷哭訴，繪聲繪影地描述自己在學校多麼難受，全身哪裡哪裡多麼不舒服，任是多麼無情之人，也都不忍心，更何況是母子（女）連心。為什麼不找爸爸？我聽得最多的回答是「爸爸肯定不會答應我回家」。看吧，什麼事該找什麼人，找誰才有可能達到目的，誰比較心軟，更容易答應自己的要求，他們都瞭如指掌。

媽媽，我不想上學，可以嗎？

為什麼只問媽媽，不問爸爸呢？或者一起問爸爸媽媽呢？帶著這樣的疑問，我們來讀完這一整篇文章吧。

見過了無數各種原因引起拒學的孩子之後，我由衷地敬佩孩子們的聰明，為什麼大部分孩子都是有事找媽媽？

媽媽是更有可能被攻克的難關，找媽媽下手，成功機率更大。這是性別特徵使然，也跟傳統的家庭模式有莫大的關係。

我見過一個12歲，剛上國一便因為拒學來我這裡接受治療的孩子。

他拒學的起因比較特別，是在國小六年級上課時不慎被同學用書本砸到頭部，他當時覺得頭暈，爸媽帶他到醫院檢查，檢查結果一切正常。然而，他還是不放心，漸漸開始擔心自己的頭被砸到後無法學習，

擔心自己的腦袋有問題。他變得做事沒有耐心，晚上不能好好做功課，無法集中注意力，成績慢慢有所下滑。他被父母帶去看了精神科之後情緒更加不穩定了，有時會大發脾氣；有時會要求跟父母談心，否則就發脾氣，甚至曾經衝出家門跑到馬路上；有時會獨自在房間哭泣，跟父母說覺得心裡很悶。

在這樣的狀況下，他還是考上了當地最好的私立國中。

這所國中學校要求學生住宿，但開學後他經常會要求媽媽早晚接送他回家，早上到了學校門口也不願意進校園，上課集中不了注意力。在學校的時候，會頻繁打電話給母親哭訴，說：「在學校讀書很壓抑，過得不開心。」有時是哭訴身體症狀：「胸悶，感覺喘不上氣，頭痛。」多的時候他一天要打五六次電話，要是媽媽不接就一直打，以至於媽媽幾乎沒辦法正常工作。

我單獨跟他談時，他稍微有點緊張，但表現得很健談，願意談內心的困擾和遇到的困難。他說：「國小的時候我成績很好，考上了很好的私立國中，國中後很難適應學習，競爭很激烈。」又說：「作業太多，加上數學和地理跟不上，學校每天管理非常嚴格，動不動就扣分，扣分太多就會被開除。」對於扣分這件事他特別害怕：「我每天都小心翼翼的，生怕做不好被扣分，久而久之被學校退學。但是住校有太多規定，我覺得好難受，跟室友相處也很麻煩。」總結起來就是：上國中真的不容易啊。

在家族治療時，他像變了一個人，完全沉默，偶爾以點頭搖頭表達自己的觀點。父母怎麼鼓勵他也不肯開口說話，因此，大部分的問題，都是由媽媽代替他來回答。在他出生後，原本是教師的爸爸辭掉了工作，改做生意，從小對他特別寵愛和保護。他在上國小之前主要由媽媽帶，跟媽媽關係特別親密，與爸爸相對疏遠。親密到什麼程度呢？我聽

Story 17　媽媽，我不想上學，可以嗎？

到一個驚人的資訊：這個已經上國中的男孩子，至今還沒有跟媽媽分床睡。媽媽說得很輕鬆：「因為他一個人會害怕啊，而且爸爸做生意經常要出差，所以爸爸不在家他還是會跟我一起睡。」我嘗試問孩子：「你的同學還跟媽媽一起睡覺嗎？」他只是靦腆地笑笑，不說話。

這個媽媽有一個非常奇特的處理方法，就是每當孩子因要求不被滿足而大喊大哭的時候，媽媽看著不忍心，怕孩子哭壞身體，都會忍不住去抱著孩子，心疼地安慰，接著對孩子說之以理，希望孩子意識到自己的錯誤，讓孩子下次不要再出現類似的問題。緊接著，就是滿足孩子的要求：孩子想要什麼就買什麼，原本她說不讓孩子看電視也妥協了，原本堅決不准玩的手機也順手遞給了孩子⋯⋯總之是個皆大歡喜的結局。看著孩子臉上重新綻放的笑臉，她心裡感到十分安慰。她在跟我講述整個過程的時候，特地強調：「我每次滿足他的要求之前都會跟他講道理，讓他下次不可以再這樣了。」我看著她，嚴肅地問：「那你覺得孩子記住的是妳滿足了他的要求，還是妳講的道理呢？」媽媽愣了一下，良久才小聲說：「應該是我滿足了他的要求吧。」

傳統的教育方式中，我們總是習慣高估「講道理」的作用，信奉金玉良言勝卻萬條教育方法的作用，無論面對多大的孩子，都將講道理視為唯一可行的教育良方。我們堅信無論行動如何，只要講了道理，孩子就能記住，就會照做。遺憾的是，在這個網路發達的資訊爆炸的社會，大部分孩子懂得的道理比家長都要多，孩子懂得，卻不會照做，或者堅信自己：「道理都懂，但就是做不到。」加上對孩子來說，比起抽象空洞的道理，眼前的快感和滿足感才是最直接、最刺激神經的深刻記憶。為此，以講道理作為唯一教育方式的家長，總是不斷經歷打擊，陷入家庭教育失敗的無助境地中。或者就是天天抱怨：「我都跟他說了，他就是不

聽，我也沒辦法。」每當這時候，我都會忍不住要提醒他們注意一下自己的處理方式。

所以，我繼續問孩子：「你怎麼只打電話給你媽媽哭訴，讓她來接你回家。怎麼不打給你爸爸呢？爸爸開車應該來得更快呀。」孩子想都不想便很堅定地回答：「我知道爸爸肯定不會來接我的。」我更有了興致，問：「為什麼那麼肯定呢？」孩子怯怯地抬起頭看了看爸爸，鼓足勇氣說：「爸爸對我很凶，對我說話也很大聲。」媽媽這時候插話說：「是的，他這個人很粗魯的，又沒有耐心，只要孩子不聽話就大聲罵。」我問：「那罵了孩子會聽嗎？」媽媽搖搖頭，看一眼老公：「他那樣的態度，誰會聽？」我繼續問：「會怎麼樣呢？」媽媽彷彿爸爸已經罵了孩子似的，不滿地說：「孩子就哭呀，大聲哭，有時候哭得都抽搐了，他還是繼續罵，我實在看不過去。」於是，媽媽就會如天降神一般地出現，指責爸爸：「這麼凶幹嘛，有話好好說！」一邊安慰孩子，哄他開心。不過，這個孩子可不容易哄，不滿足他的要求他就哭不停，媽媽無奈，就只能用上文中提到的方法。

爸爸坐不住了，跳出來說：「我每次管他都是他太過分了，說也說不聽，不管不行，我老婆只會護著他。」媽媽不依不饒：「你那個態度誰受得了？誰會聽啊？！」爸爸也不是省油的燈：「那就任由他無法無天嗎？他現在這個樣子還不是妳寵出來的！」「他怎麼了？我不舒服了他還知道關心我，問我會不會難受，幫我倒水，你呢？就是個粗人，什麼都不懂。一天到晚就只知道上班賺錢！」

果然是「母子連心」，媽媽的難受委屈只有孩子知道，當然「禮尚往來」，媽媽看到孩子難受也會挺身而出，「捨身護子」。只是，一個十幾歲的孩子在家裡有一個絕對站在他這邊的大人，以他是否開心來判斷是非而不是以教育必要性來評估對錯，問題可能就會變得十分複雜。

Story 17　媽媽，我不想上學，可以嗎？

「媽媽，我不去上學可以嗎？」為什麼不去上學呢？因為上學壓力大，因為上學難受，孩子能找到各種冠冕堂皇的理由。孩子可能想破頭也想不通：「為什麼我其他難受的事情都可以不做，只要我一不開心妳就會幫助我，上學就不能幫我呢？我上學一樣難受呀。」他或許有一種被欺騙的感覺：「你們怎麼說話不算話？你們耍我嗎？怎麼上學就不能不去呢？」

家長總是會低估孩子鑽漏洞的能力，以為孩子會認真聽父母說的話，按照「道理」去做，按照父母引導的方向去走。恰恰相反，孩子最是以「快樂」為主要原則的族群，是在逐步學習社會規則，接受「有些我不想做的事情，也必須要做」的階段。他一旦發現有辦法可以想要什麼都要得到，想不做的事情「哭一哭，鬧一鬧」就可以不做，怎麼會不「欣喜若狂」、「欣然習得」呢？畢竟，那原本就是人的本能。

為何要強調父母意見一致，相互合作的重要性？這就涉及一個關鍵的問題：「誰來定義對錯？誰來定義什麼事應該做？」爸爸說必須做，媽媽說：「寶貝，如果你覺得難受就不做了吧？」這就好比上課用的教材，一本說：「1+1=2」，一本說：「1+1=3」，孩子如何取捨？當然是哪個對他有利他就選哪個答案。別人跟我借錢，先借了一塊，第二天又借一塊，第三天我肯定拿著寫著「1+1=3」那本書去找他，叫他還三塊錢。為自己爭取最大的利益原本沒有錯，只是要想讓孩子在這個社會上生存，就需要讓他知道，其他人並不是傻子，不可能都寵著他、遷就他，遇事都保證他的利益最大化。因為，社會的規則是「1+1 只能等於 2」。

父母有責任告訴孩子這個規則，並且讓他遵守這個規則。

他打電話說：「爸爸，我不想上學。」爸爸回答：「休想，上學是必須的。」媽媽回答：「是的，你爸爸說得對，無論如何你這個年齡都必須

上學。」這才是真正具有威懾力的態度。在這樣的前提之下,再了解他遇到的困難,跟他一起去面對,鼓勵他相信自己的能力,才可能真正地解決問題。不然,孩子會想,既然可以不去學校,我為什麼要面對困難?

Story 18
沒有朋友，讓我如何上學？

無法融入現實的群體，建立現實的人際關係，也沒辦法把原有的關係內化，讓內心不孤獨，這樣的孩子，在學校會很容易陷入無所適從的狀態，既沒辦法心無旁騖地專心學習，享受一個人孤獨的感覺，也沒辦法順利地建立友誼關係，享受現實中的親密感。於是上學變得異常難熬和漫長。

人際關係問題，是很多孩子拒學的主要原因之一。

人際關係問題有多種表現形式，其中之一是：我有很多朋友，但我只是旁觀者。

這個女孩來見我時已經休學大半年，她不願意去學校，因為在學校沒有朋友。國一時她很樂觀積極地交朋友，整個國中一到三年級都有許多認識的人，每天走在學校裡有很多人跟她打招呼，她跟這個聊一下，跟那個聊一下，每天忙得不可開交。

一年之後，她突然覺得這樣沒有任何意義，變成了另一個樣子，在班上很少說話，也不主動交朋友。這個女孩子長得不漂亮，還有些胖，她也不願花心思在外表打扮上，穿著隨意，不修邊幅。

她談到跟一個好朋友的相處方式，對方長得很漂亮，有很多人追，對方很喜歡跟她聊天，跟她分享誰又追自己了，哪個男孩子又約自己出去玩。大多數有男孩子約這個朋友出門時，朋友都會帶著女孩一起，但

這個朋友不會考慮女孩的感受。比如，一起去看電影，一個動畫片她看得津津有味，但是朋友不喜歡看，站起來就走，完全不問她的意見。

好朋友經常把她當「電燈泡」，幾個異性漸漸跟她成了好哥們，會單獨找她聊聊天，甚至有心事也會跟她說。只是這些好哥們談的話題讓她有些無可奈何：三句話不離她的朋友，告訴她自己喜歡她的朋友，各種表達思慕之情。他們表白被拒絕之後，又跟她哭訴：「怎樣才能忘了她？我好難受，妳能不能幫幫我。」「我覺得我還是忘不了她，我該怎麼辦？」她總是耐心地聽對方說，有時候要花一兩個小時來安慰、開導對方。她可以犧牲寫作業的時間來安慰對方，接著自己再熬夜寫作業。她也會在心裡說：「這些事情關我什麼事啊，你告訴我這些做什麼？」但轉念馬上告訴自己：「別人願意告訴我是信任我，我應該認真聽。朋友不開心，我也應該安慰他們。」我問她：「妳不開心的時候會跟他們說嗎？有什麼心事會告訴他們嗎？」她搖搖頭：「很少。」低頭半晌，她的語氣突然悲傷起來：「他們對我的事情應該也不感興趣吧。」接著又苦笑一下：「還是不要麻煩別人了。」我發現她言語中矛盾的地方，便指出來說：「怎麼別人找妳就可以，妳找別人就覺得是麻煩對方呢？」她低著頭，沒有看我，低聲說：「可能我覺得自己不配得到別人的關心，不配擁有友誼吧。」

為了獲得友誼，她把自己變成了旁觀者。既然是旁觀者，那「我」是否出現，又有什麼關係呢？反正都沒有人在意「我」。

漸漸地，她不願出門，只喜歡自己宅在家裡看漫畫，看小說，失去念書的動力，完全不知道為什麼而讀書。

人際關係問題的表現之二是：太在意其他人的感受，覺得跟人相處太累。

Story 18　沒有朋友，讓我如何上學？

　　我見過一個女孩，就讀國二，她跟我說：說每句話，做每件事她都要三思而後行。

　　同學邀請她出去玩，她並不願意去，心裡也是想要拒絕的，但是話一出口，便成了「欣然答應」：「好啊，我好想去。」因為經過思考，發現不能拒絕對方。

　　別人誇獎她，她總覺得對方不是真誠的。她會留意看對方的眼神表情，會從所有細微的點來判斷。「她誇我的時候笑了，肯定是口是心非。」「她看我的時候，都不看我的眼睛，肯定是心虛。」

　　對於做心理治療，她的期待是找個人聽她說話，可以想說什麼就說什麼，不用擔心對方不耐煩，因為給了錢的。生活中想跟別人說話，總是擔心對方會不喜歡聽，會仔細地觀察對方的面部表情，不斷驗證自己說的話題對方是否感興趣，對方稍微皺一下眉，她便如臨大敵，不敢繼續往下說。找治療師就不一樣，她給了錢，知道對方無論如何都會聽她講，即使他心裡不舒服，也不會說出來，也會硬撐著聽完。這樣她能稍微放鬆一點，想說什麼就說什麼。只是，她跟我談話，明顯看得出來並不放鬆，總是坐得端端正正的，緩緩地說話，不時會有停頓，看得出來她是邊思考邊說話，她說：「我已經習慣了，我的腦子飛快地轉著，我從來不會不經大腦隨便說話。」

　　她說：「我沒辦法放鬆，一旦我意識到自己放鬆下來，我馬上就會很不安，好像做錯了事情一樣，我一定要時時刻刻保持警惕，保持思考，我覺得只有這樣才是對的。我也知道這樣會很累，但是我習慣了。」

　　她在家裡有一個房間，但那不是她自己的房間，父母會把工作用的電腦放在她的房間，平時都要在她的房間工作，只有睡覺的時間會回父母的房間，她只能在客廳待著，寫作業也只能在客廳做。加上，她房間

的門因為家具頂住了，根本就關不了，即使睡覺，房間門也都是開著的。所以，她最喜歡的事情就是去小樹林或者公園這樣的地方發呆，能一個人坐上好幾個小時，只是這樣的機會並不多。爸爸媽媽希望她多跟同學出去，不然就是跟著爸媽出去，一個人出去在他們眼中是無比怪異的舉動。我問她：「你沒有跟爸媽表達過想要一間自己的房間？」她回答得很迅速：「他們不可能給我一個房間的，他們小時候在家裡都是好幾個人一個房間，他們覺得這很正常。」我接著說：「所以妳沒有說，就已經自己否定了？」她堅持：「反正不可能。」

於是，為了讓自己過得輕鬆一點，她只有盡可能不接觸人。當然，也就去不了學校。

人際關係問題的表現之三是：沒有朋友，形單影隻。

很多孩子根本就不會交朋友。被動、退縮的孩子，基本沒有機會讓其他孩子來了解自己。每天從早到晚都排滿了課，到國中之後，幾乎全部非主科的課堂都被取消，唯一能夠倖免的是體育課。

有的學校的升學班，每學期都有同學流動，稍有不慎就會被「拋棄」到普通班，身邊的同學都是你的競爭對手，被他們擠下去，你就是失敗者，就是丟臉、無能。面對這樣的氛圍，要如何跟班上的同學和諧相處，大家開開心心做朋友呢？我有好東西都趕緊自己藏起來，我會這道題也悄悄說「不會」，每天偷偷在家熬夜苦讀才是正常的。成績下降，有人會關心你、安慰你嗎？等著被嘲笑吧。或者，大家都忙著在題海中苦苦掙扎，根本就沒人注意到你。要是不小心被擠出了升學班，那麼這段恥辱的經歷將永遠伴隨你的學生生涯。

「一切都可以為成績讓步，更何況是友情這些可有可無的東西。」「十年之後，你們可能都不記得彼此了。要去更優秀的地方，認識更優秀的

Story 18　沒有朋友，讓我如何上學？

同學。」每當聽到這樣的描述，我總是無比唏噓：陪伴、支持、團體生活都是人最基本的需求，如果連這些需求都不能滿足，成績再好又有什麼意義呢？

然而，長遠的影響總是容易被人忽略的。畢竟人際交往能力的培養也不是一件短期內就能奏效的事，遠不如成績來得實際和有現實意義。

進一步來說，孤獨，源於無法建立內化的心理連線。

一個孩子跟我說，她一回到學校就好像變成了這個世界的旁觀者，就像看電影一樣看著大家，一切都很陌生。她跟我詳細描述了這樣的感覺，比如，她跟朋友見完面，分開，回到各自的班級上課學習，再無交集，就好像剛才的見面並不真實。週末回到家，媽媽幫她做了一頓她喜歡吃的飯菜，兩個人有說有笑地吃完，接著媽媽要去上班，要出差，要賺錢養家。她繼續回到學校，按照學校的規定準時出現在教室裡，上課從不搗亂，無論能否聽懂，都絕不違反規定，不打斷老師。她原有的親密關係只有朋友和家人。在家裡的時候，仍能讓她感覺到溫暖和親密，一旦和家人分離，在她的世界裡，所有的一切都不存在了。

因為她是轉班生，其他同學都是已經同窗一年，大部分都有三三兩兩的固定夥伴，她認定自己是多餘的，加入他們之中會破壞其他人之間的關係，因此，即使有人主動請她吃飯或者放學一起回家，她也總是找理由拒絕。中午第一時間跑回宿舍，玩手機吹冷氣，將吃飯的時間省下來自己在宿舍待著，那是她每天最盼望、最愜意的時光。因為吃飯大部分時候只能自己一個人吃，那實在太尷尬了。很多作業不會寫，數學幾乎聽不懂，但她仍假裝在聽講，不敢問老師，也鼓不起勇氣開口問同學。晚自習的時候，同學們都在瘋狂地趕作業，坐在後面的是一位資優生，總是有人排著隊來問問題，她靜靜地看著忙碌的同學，發呆、等下課。

無法融入現實的團體，建立現實的人際關係，也沒辦法把原有的關係內化，讓內心不孤獨，這樣的孩子，在學校會很容易陷入無所適從的狀態，既沒辦法心無旁騖地專心讀書，享受一個人孤獨的感覺，也沒辦法順利地建立友誼關係，享受現實中的親密感覺。上學的時間於是變得異常難熬和漫長。

　　每個人最初的人際關係來自哪裡？來源於家庭。家庭是否能夠提供足夠安全的關係，讓孩子完成這種關係的內化，讓父母化成「內在客體」陪伴自己對孩子的成長至關重要。簡而言之就是，父母不在身邊的時候，我還是能相信他們存在，能夠用他們陪伴自己的感覺，自己陪伴自己，專心地投入自己喜歡做的事情中。這就像一個一兩歲的孩子，當他有足夠的安全感的時候，媽媽可以在廚房忙自己的事情，他可以連續幾個小時自己玩積木，偶爾想起媽媽來，便叫一聲：「媽媽。」媽媽答應一聲：「在這裡。」他便頭也不抬地繼續玩自己的積木。而沒有安全感的孩子，就需要不時地跑過去，看看媽媽。他無法專注於自己玩耍，因為他無法將媽媽放在心裡，他一定要媽媽在面前，需要實際的確定感。

　　而擁有安全依戀關係的孩子，交朋友對他而言就是輕而易舉了。沒有這樣幸運經歷的孩子，需要學習，需要訓練。父母們以為所有人「長大了就會交朋友了」，或許是對孩子最大的誤解。

　　但願，我們能在孩子因為人際關係而拒學之前，就意識到人際關係的重要性，並且能嘗試做些什麼。

Story 19　你們都不知道我上學有多辛苦！

Story 19
你們都不知道我上學有多辛苦！

　　從心理學的角度而言，上學只是一個外在表現，是一個孩子一小段人生的選擇，而我們希望做的，是能夠引導他的應對模式，而「為自己負責」，將是他未來人生中最重要的人格特質之一。

　　重返校園，是一種宣言，是這樣的孩子能邁出一步自己去解決問題的宣言，是父母可以嘗試相信孩子的能力，放手讓孩子自己去解決問題的宣言。這個過程，彌足珍貴，無論多久，都值得等待。

　　我發現很多拒學的孩子都有一個特點，那就是當遇到挫折和困難的時候，會站在原地不動，不往前也不退後，隔離自己的全部想法和感受。這其中會有很多表現形式，最典型的一種是：想睡覺、睡覺。他不面對，不解決，不後退，不放棄，哪一樣他都不想要。他沉浸在情緒裡，沉浸在痛苦中，等待著，無比耐心地等待著。

　　而這樣的孩子，往往有一個焦慮而緊張的家長，大部分是媽媽。她們無法忍受孩子這樣長時間站在原地不動，這會讓她們抓狂，怎麼辦？媽媽幫孩子做選擇，問題得以解決，「皆大歡喜」。這樣的模式所產生的影響會在孩子小時候便初見端倪。

　　我曾經會面過一個 8 歲的小女孩，她內向膽小、在學校常被人欺負，在一次被導師簡單訓話之後，變得更加拘謹膽怯，不敢跟陌生人說話，上學當然也上得很勉強。同時她出現了一些退化的表現：她會像

四五歲的孩子一樣到哪裡都要帶著自己的玩具熊，吃飯的時候也要餵玩具熊吃一口，自己再吃一口；會跟玩具熊像同伴一樣相處，比如，問玩具熊：「你是不是不想跟我玩了？」還跟媽媽告狀說玩具熊打她，幫玩具熊蓋被子，哄著玩具熊睡覺，生氣的時候會咬玩具熊的鼻子，就像在跟真的夥伴打架一般；也會在家長進門的時候突然躲在門後藏起來，想嚇一下父母。

　　她沒辦法自己單獨進入治療室，一定要父母陪，進入治療室也一定要媽媽抱著，完全不肯落地。好不容易站到了地上，她仍然不時地望著沙具架上琳瑯滿目的沙具，兩眼放光，但她一直站在原地不動，緊緊靠在媽媽身上，彷彿沒有長骨頭一樣。再三鼓勵她去拿喜歡的沙具，她也挪不動半步，媽媽推她過去，她扭身便回來了。好不容易黏著媽媽來到了沙具架前，她卻只是呆呆地站著，來回地看，足有一兩分鐘之久，也下不了手。

　　與之形成鮮明對比的是無比忙碌的媽媽：「妳看這個車，可以這樣開，多好玩啊！」媽媽一邊演示著開車，一邊拿起寶石狀的沙具，舉到孩子眼前，說：「妳看這個寶石，是不是很漂亮？」過一下子，媽媽又發現一棟小房子很漂亮，驚喜地指給孩子看：「妳看，這個房子多好看。」……每一次媽媽拿起沙具，興奮地展示給女兒看，女兒都轉過頭看著媽媽，很有興趣地露出驚喜的笑，把沙具拿在手裡看一下，便很快還給媽媽。8歲的孩子，是完全知道自己喜歡什麼沙具的。我嘗試提醒媽媽：「媽媽，妳讓孩子自己選。」爸爸也忍不住說：「妳陪著她就好，讓她自己選。」媽媽好像被責怪的小孩，尷尬地笑笑，扭身拋下孩子，自己坐到了座位上。當然，孩子也立刻跟著媽媽跑了過去，躺在媽媽懷裡，什麼都不選了。爸爸又說：「妳過去陪著她呀。」媽媽無奈，再次起身，耐著性子陪著孩子選。又是漫長的一分鐘，孩子剛要伸手拿一個自己喜

Story 19　你們都不知道我上學有多辛苦！

歡的貓貓沙具，舉了一下手，又猶豫地收了回來。媽媽顯然沒有看到這個細節，此時已經到了她能忍耐的極限，她又不自覺地拿起一個「薯條」沙具，驚喜地說：「妳看，這裡還有這個！」孩子又笑著望著媽媽，拿起「薯條」看了看，再次放下。當然，她原本伸手想拿的沙具，她已經忘記了，再次呆呆地站著。媽媽望了我一眼，大概是怕我再說她，又轉身想回到座位。爸爸趕緊阻止：「都說讓你陪著她！」媽媽語氣中滿是無奈：「我陪著她，她又不選，我看著心裡著急！」媽媽又勉強硬著頭皮跟著孩子，鼓勵孩子道：「妳想要什麼就拿什麼，選吧。」孩子也再次不斷環顧巡視，漫長的等待，令大人無比煎熬。就在孩子伸手準備拉一個垃圾桶沙具的時候，媽媽拿起一個郵筒的沙具：「妳看，這個郵筒前面還有一條狗蹲在那裡。」顯然，等待的時間超出了媽媽的極限，她已經忍不住了。

　　在我看來，這個孩子只是慢一點，她無法堅信自己的選擇，不知道選錯了怎麼辦，不知道選了自己結果不喜歡怎麼辦？就像她面對在學校的種種狀況，她不說話，不行動，就那樣僵在原地。而她的退化，某種程度上是她的自我修復，但是媽媽會覺得她無比怪異，不斷跟我陳述她跟玩具熊之間的奇異舉動：「熊寶寶都不會動，怎麼會打妳？」「藏在門背後我們就看不到妳了嗎？」當然，在濃縮家庭模式的治療室中會更明顯，孩子真的不是一般的慢，這對媽媽來說是最要命的。媽媽認為，在自己的幫助下孩子完成了選擇，不是皆大歡喜嗎？不然我花那麼長時間陪她，什麼事情都沒完成，這樣做有什麼意義呢？在什麼都沒有完成，什麼都沒做的時間裡，媽媽自己會缺失價值感，在無比的焦慮之下，她選擇自己出手，實現整個事件「表面上的完成」。

　　還有一個典型的現象是碰到熟人，對方詢問孩子的情況：「小朋友你多大啦？上幾年級啦？在哪個學校？」慢一點的孩子，需要做長時間心

理準備的孩子是無法馬上應答的，表面看起來就是僵在那裡，不理人，氣氛十分尷尬。一旁的媽媽看到這樣的狀況，臉上掛不住，於是俐落快速地搶先回答：「十歲了，五年級，在××學校。」對方聽完，寒暄感慨一番：「時間過得真快啊，都上五年級啦，上一次見到他才剛上一年級呢。」媽媽也附和著：「是啊，就是還不懂事，不叫人。」一番表面和氣的關心之後，大家各自解散。媽媽一邊拉著孩子走，一邊說：「人家問你也不說話，是啞巴嗎？你這樣子，我看你以後怎麼辦！」話雖如此說，至少場面上看著是好看了，氣氛也不尷尬了，問題便解決了，不是嗎？

沒有意外的話，這樣的模式會一直持續，伴隨孩子的國小、國中，焦慮的父母就像是「直升機家長」，總是在孩子做出反應之前就先跳了出來，跳出來說話，跳出來幫助他們解決問題，讓這些本身是「烏龜」，但仍有想法，也有屬於自己的能力的孩子，越來越懷疑自己的能力，以至於難以邁出自己的步伐。

面對人生的十字路口，不同的人會有不同的選擇，有的人會硬著頭皮走，每一條路都走一遍，即使撞得頭破血流，最終也能找到自己的方向，並且在這個過程中找到面對困難和挫折的方法。有人會直接後退，退到自己熟悉的地帶，那裡不用做選擇，不會迷茫得不知所措，他們心安理得地接受這樣的選擇，不會因此鄙視自己，在安穩的道路上平靜地生活。還有一種人是會站在原地不動，他們不甘心後退，又不敢前進，後退會看不起自己，前進又深感困難重重，於是，乾脆站在原地，隔離所有的感覺和訊息，縮自己的「殼」裡，什麼也不看，什麼也不說。這個過程需要的時間長短不一，卻足以將身邊的人逼瘋。

我曾經接待過一個休學近三年的孩子，在接受治療前，他大部分的時間裡，都以遊戲為伴，日夜顛倒地生活著，情緒異常低落，每天都在

Story 19　你們都不知道我上學有多辛苦！

自怨自艾中自我折磨，絕望而無助。接受了很長一段時間的治療後，他終於鼓起勇氣重返校園，在此之前花了兩三個月，突擊式地將國中課程基本學完。臨上學之前，焦慮異常的他又開始打退堂鼓，擔心自己跟不上老師教學進度，擔心學校的人際關係。我完全理解這樣的感受，對一個離開學校近三年的孩子而言，校園已經陌生到完全跟他沒有關係，剩下的都只是刻骨銘心的失敗記憶。好在，他最終還是硬著頭皮去了學校，第一天完整地上完全部課程，包括晚自習都堅持了下來。結果當天晚上回來他臉色很差，跟家人抱怨了一堆困難：老師講的進度太快了，自己前一題還沒做完，他已經講下一題了；同學們好像比較冷漠，而且自己是轉班生，他們都是三三兩兩一起，只有自己形單影隻；體育課跑步有點力不從心，跑完腿非常痠痛。然而在休學之前，他曾經是運動健將，體格是非常好的。父母也焦慮起來，拚命想盡各種方法勸他去上學，想辦法要動用關係幫他解決全部困難。

他來找我的時候，照例將全部的困難都敘述了一遍，然後拋出一個問題：「我現在該怎麼辦？」接著便把頭低下去，把玩手中的手錶，不時好像閉目養神一般。我嘗試從各個角度切入，換來的都是應付敷衍、有氣無力的回應，他跟我說的最多的話是「大腦一片空白，不知道要說什麼」。我於是知道，我的所有嘗試注定是徒勞的，他並沒有準備好去解決問題，他不甘心放棄，又害怕面對困難，他退到了自己的「殼」裡，不思考，也不痛苦。這是他習慣的模式，他習慣有人在這樣的時候來幫他解決問題，即使他從內心並不認同這樣的解決方式。

「你們都不知道我上學有多辛苦！」是他們發自內心的吶喊，並且由內而外地呈現著，等待被人發現，被人拯救。

一個高三的女孩，在三、四年的時間裡憂鬱症反覆發作，不時情緒

陷入低潮期，她稱為自己的「憂鬱期」。在「憂鬱期」裡，她什麼都做不了，大部分時間都是在睡覺，偶爾玩玩手機打發一下時間，總是想睡，總是累，當然也上不了學，不得已只好請假。兩三年的時間裡，我眼看著她從一個窈窕女孩，變得臃腫肥胖，走路都有些吃力，治療師換了一個又一個，卻不見明顯起色。很長一段時間，她的「憂鬱期」都非常有規律，只要一到考試前，她狀態就會漸漸變差，「憂鬱期」就會如期而至，打亂她的整個計畫，讓她異常睏倦，考試當然就考不了。就這樣，她的高中讀了近五年。進入高三，對她而言是一個巨大的刺激，她不想再重讀，她想考好的大學，想要努力學習，然而，「憂鬱期」總是如影隨形。

　　她說：「高一、高二的時候我還有時間，請假也沒事。但是現在是高三，我知道自己不能這樣下去了，但是沒有動力。」某一天她再次請假看心理治療，爸爸跟她說：「妳上午看完醫生，下午就要去上課。」她不想去，沒有答應，爸爸有些失望，說道：「都高三了，妳不能總是這樣。」她一下便崩潰了，見到我的時候一直哭訴：「我也很辛苦，我也很累，我難道不想去上學嗎？他們還罵我，一點都不理解我。」我說：「妳不上學，你爸媽難道應該很開心嗎？那樣是對妳負責任嗎？」她不好意思地笑笑，嘴上卻不依不饒：「但是他們這樣會增加我的壓力，我已經很辛苦了。」我準備揭開她的想法背後的邏輯：「妳的意思是，如果父母不會不開心，妳就可以名正言順地不上學了嗎？」她想了想，糾正道：「也不是，主要是我現在正在讀高三，如果我還是在幼兒園，我肯定開心地慢慢放鬆，想睡覺就睡覺。」換言之，「上學」這個燙手山芋，能不接就不接。至於這個「燙手山芋」是誰的？反正不是她自己的，是父母給她的，是高三給她的，是社會給她的，總之，她接得很委屈，很痛苦。當她沒有接，周圍人都不滿意，不開心的時候，她更委屈，更想不通。

Story 19　你們都不知道我上學有多辛苦！

　　她堅信憂鬱症是一種只有藥物才能對付的「洪水猛獸」，她緊緊地抓住科學依據：「研究都說了，憂鬱就是大腦中的神經傳導物質分泌失調，是因為多巴胺太少引起的。」言下之意，這是大腦的問題，她能怎麼辦？她只能配合吃藥。至於它什麼時候來，它來不來，她都無能為力。

　　她總是習慣性地問我：「醫生，我想努力，但是早上就是起不來，就是沒有動力，你說我該怎麼辦？」「醫生，我的這個憂鬱到底是怎麼回事，怎麼這麼多年還沒好，你說我好得了嗎？」「醫生，我都高三了，我這樣的狀態怎麼辦呢？」我總是無奈地聽著，想不到答案，也無從作答，除了她自己，沒有人能代替她回答這些問題。然而，她拒絕回答，她總是不斷詢問，不斷尋找，從不思考，從不選擇。

　　不接棒，便意味著不用負責，逃避的方式千萬種，只要父母滿意，只要父母不生氣，一切都好辦。我相信，孩子可以不接棒一定是有人替他接棒，當然，焦慮而急切的父母們很容易變成「理想的接棒者」。父母不停地催促著，焦慮地安排著，孩子呢？噘著嘴，心不甘情不願地配合著，心裡實在不想繼續配合了，唯一的願望就變成：「要是父母不生氣就好辦了，我就輕鬆了。」父母真的忍不住失望和生氣，孩子便開始覺得委屈：「你們以為我不難受嗎？」父母被問住了：「是不是我們真的把孩子逼得太緊了？」

　　這是可悲的家庭模式，父母為了孩子活，孩子為了父母活，互相控制，互相妥協，最終兩敗俱傷。試問，這樣的孩子怎會有動力上學呢？

　　面對這樣的孩子，我問他們最多的問題是：「你是怎麼想的呢？你有什麼看法嗎？」當然，一開始得到的回應大部分會是：「我爸爸說我這是在逃避，醫生你覺得我是嗎？」抑或是：「我不知道啊，我沒什麼想法。」又或者思考了很久，抱歉地回答：「我真的想不到。」我一方面需要不斷

地提醒自己，相信他們的潛力，他們是有能力有想法的，只是習慣了不思考，所有的能力都被塵封了起來；另一方面，還要抑制自己想跳起來去找話題，去幫他們想辦法的衝動，忍受不斷的「冷場」和「沉默」，讓自己不要急於去化解尷尬，這並不比滔滔不絕地談話要來得輕鬆。時間怎麼過得這麼慢，一個小時怎麼這麼長，這將是很長一段時間裡我們共同的感覺。但我深知，表面的問題解決並不能真正地幫到這樣的孩子，他們需要學著扛起屬於自己的責任。

打死不扛，中途放棄，也是常見的。之前一個 16 歲的男孩，在再次上學遇挫的時候，想再次休學的時候，我依然告訴他：「你想清楚你自己的選擇，想清楚你想過什麼樣的生活。」他許久沒說話。後來很長一段時間沒有再來，母親轉達說：「他覺得沒有繼續上學，沒臉見你。」他依然將上學當成是對治療師或者是父母的交代。除了嘆息，我不知該如何回答。

沒想到，兩個月之後，他自己主動約了我，在繞了很多生活的話題之後，他開口說：「我還是想上學的，但是我現在信心還是不夠，我還是需要再準備一段時間。」雖然，這個回答與大家期望中的順利復學有所區別，在我聽來卻無比欣喜，他有了自己的決定，他願意自己去做準備。

畢竟，從心理學的角度而言，上學只是一個外在表現，是一個孩子一小段人生的選擇，而我們希望做的，是能夠引導他的應對模式，而「為自己負責」，將是他未來人生中最重要的人格特質之一。

重返校園，是一種宣言，是這樣的孩子能邁出一步自己去解決問題的宣言，是父母可以嘗試相信孩子的能力，放手讓孩子自己去解決問題的宣言。這個過程，彌足珍貴，無論多久，都值得等待。

Story 20
你們是喜歡我的好成績，還是喜歡我？

父母喜歡什麼樣的孩子呢？「別人家的孩子。」這樣的孩子的標準配備包括學業成績好、勤奮、上進、認真，再點綴式地加上懂禮貌、人際關係好、性格好……當然，所有的優點中排在第一的就是成績好。只要成績好，其他問題都是瑕不掩瑜。就像是愛美的女孩子追求的「一白遮三醜」，成績好可以遮千醜，讓普通的孩子都閃閃發光起來。「別人家的孩子怎麼成績那麼好？」是所有家長都心存的不甘和嫉妒。

你有認真觀察過孩子除成績以外其他方面的特點嗎？你真的了解你的孩子嗎？

「你們是喜歡我的好成績，還是喜歡我？」對於這個問題，要理直氣壯地給孩子一個讓他信服的答案，其實不易。

一個三年級的孩子跟我說過他的困擾。他上一年級時成績好，二三年級課業難度增加，他有點跟不上學校進度，特別是上了三年級之後，有些內容已經不太聽得懂了，尤其是英語，單字總是記不住，一上英語課就怕。他成績退步很明顯，爸爸天天盯著他念書，他每到回家寫作業都很緊張，都是能拖就拖。他不無傷感地說：「我覺得自己變笨了，有些很簡單的題目爸爸反覆講很多遍我都還是不會。」「爸爸一看見我寫作業就發脾氣，怎麼看我都不順眼，我喝口水也要罵我。有時候爸爸太生氣了就會動手打我。」他嘆了口氣，沉重地說：「我以前也是個優秀的孩

子。」停了停，又說：「以前大家對我的態度不是這樣的。以前老師都是誇獎我，家裡人也對我態度很好。」

　　於是，我了解到他以前的光輝歷史。他從幼兒園開始學踢足球，在踢球方面頗有天賦，無論是體能還是技巧的學習，他都是隊友中的佼佼者。他上的國小是一個很重視運動的學校，他一入學，立即加入學校的足球隊。那時候他成績也很好，老師天天表揚他，看他的眼神裡滿是慈愛。爸爸媽媽看到他也是開心的，親戚朋友也經常誇他，讓他們自己的孩子向他學習。那時候的他覺得每天生活都充滿了陽光，全世界對自己都很友好。現在完全不一樣了，老師天天公開對他訓話，說他不認真上課，一旦考試成績出來就當著全班同學罵他，說他不努力，成績直線下降。

　　爸爸更是完全變臉一般，特別是三年級下學期，眼看著成績越來越不像樣，看他的眼神裡滿是嫌棄，總是說：「我好歹也是大學畢業，怎麼會生了你這麼笨的兒子！」恨不得跟兒子脫離關係。每次成績出來，爸爸輕則一頓臭罵，重則一頓打，氣得臉都綠了。媽媽雖然嘴上說不在意成績，說只要他開心就好，但爸爸天天黑著臉教他讀書，驚天動地地罵他，媽媽也從來沒有阻止過，沒有幫他說過任何話。媽媽說：「你考零分都可以，只要你開心就好。」但他不相信，聽到這樣的話更難受，覺得媽媽是對他徹底失望了，不對他抱任何期待了。

　　他的原話是：「現在全世界都嫌棄我了，巴不得我消失最好。」在他面對的世界裡，成績好，所有人都喜歡他，同學也喜歡跟他玩。成績一旦不好了，全世界都翻了臉，都巴不得不要跟他扯上任何關係，就好像跟他關係近一點，就會降低了自己的身價，變得跟他一樣「一無是處」。

　　一個9歲孩子的世界，竟這般現實、殘酷。

Story 20　你們是喜歡我的好成績，還是喜歡我？

　　面臨這樣的狀況，父母再多的申明：「不管你是什麼樣子，爸媽都愛你。」在現實面前，都顯得特別蒼白無力。

　　還有一個正在讀國中的拒學的孩子跟我說：「感覺成績才是我媽親生的。」此話怎講？她成績並不是很好，特別是上了國中之後，讀得非常吃力，媽媽就幫她報了很多補習班，各種線上課程、實體課程，只要聽說哪個補習班好就要她去上。媽媽平時在家跟她交流的話題也都是：「作業寫了嗎？複習了嗎？預習了嗎？有不懂的要問老師，學習要用心……」反覆地提醒，提醒得她很焦慮，生怕有什麼沒做好。大部分的時間，她都是跟媽媽相處，只是兩人很少談心，除了學讀書，她們似乎沒有任何其他可以聊的話題，媽媽好像也沒有興趣知道她在學校有沒有交朋友、心情好不好。當她試圖跟媽媽聊這些的時候，媽媽態度總是很敷衍：「嗯」、「哈」兩聲就完事。只有談到學習，媽媽才會有興致，滔滔不絕地說，學習有多重要，成績不好將來有多吃虧。

　　有一次暑假，她還沒放假，媽媽就帶著弟弟去外婆家住了，留她和奶奶、爸爸在家，爸爸經常出差、加班，所以大部分時間她都是面對著奶奶，很無聊，一點都沒有假期的感覺。這就算了，媽媽有時候不忙了，就會打電話給她，鬱悶的是，媽媽從來不會問她假期過得開不開心，有沒有出去玩，甚至寒暄一下都沒有，張口就是讀書。像唐僧念經一樣：「線上課上了沒有？上課的筆記要好好做，上完了課要及時複習。我今天又聽老師說妳上課恍神了，沒認真聽，妳爭點氣行不行？」這是媽媽有空的時候跟她打電話的內容，她無法回應，只能耐著性子說：「知道了，我會努力的。」要是沒空呢？媽媽便會訊息轟炸，發一長串的語音訊息，內容也都差不多，不外乎是叮囑她，要學習，要複習，要寫作業……每天上完補習課，女孩就一直忐忑不安，等待著媽媽的電話，有時候沒有電話，她心裡更不安起來，便盯著通訊軟體，裡面會隨時傳來

媽媽不厭其煩的聲音。

果然，「學習」才是媽媽親生的，自己好像是依附在「學習」這個親生孩子身上的皮囊。

只是她的學習能力確實有限，成績也一直提不起來，每天完成規定的進度已經非常吃力，總是沒有優異的成績回報父母。她感受不到父母對她發自內心的關愛，彷彿她就是個學習的機器，只有成績在媽媽眼中才是有吸引力的。

當然，她對於學習也很難有動力，媽媽喜歡的是成績好的自己，而那個自己，似乎遙不可及。無論如何，她都很難按照父母期待的樣子去獲得父母的認可，她心裡充滿無力感。

成績不好的自己，會有人喜歡嗎？爸媽會喜歡嗎？她不曉得。

父母喜歡什麼樣的孩子呢？「別人家的孩子。」這樣的孩子的標準配備包括成績好、勤奮、上進、認真，再點綴式地加上懂禮貌、人際關係好、性格好……當然，所有的優點中排在第一的就是成績好。只要成績好，其他問題都是瑕不掩瑜。就像是愛美的女孩子追求的「一白遮三醜」，成績好可以遮千醜，讓普通的孩子都閃閃發光起來。「別人家的孩子怎麼成績那麼好？」是所有家長都心存的不甘和嫉妒。

在學校裡這樣的標準就更加顯而易見。有孩子跟我說：「我們老師對成績好的同學說話的語氣都不一樣。」比如說，成績好的同學因為粗心寫錯答案，老師便會溫和地提醒：「下次要仔細一點哦，這麼簡單的題都做錯，不是你的水準哦，下次要注意。」要是成績差的同學同樣因為粗心出錯，便會招來一頓罵：「成績這麼差，這麼笨，寫題目還不認真，一共就那幾分，還不認真檢查，下次看你要考零分了！」老師說完，還不忘把考卷直接丟在桌子上，更直觀地表達自己的憤怒。很多成績不好的同學是

Story 20　你們是喜歡我的好成績，還是喜歡我？

不敢去問老師問題的，因為老師總是還沒開始講解便數落一頓：「上課有沒有認真聽啊，這麼簡單的都不會，都不知道你每天在讀什麼，每天來學校是幹嘛的，這題目還要多簡單，你說？」同學當然不敢說：「我覺得真的很難，我真的不會。」只能低著頭，等老師講。老師於是飛快地講完一遍，可能是學生一開始被數落得心生膽怯了，也可能是老師高估了學生的理解能力，總之學生還是沒聽懂。我問：「還敢再問嗎？」孩子對我吐吐舌頭：「誰還敢再問啊，不怕再挨罵嗎？而且看著老師那不耐煩的表情，我都恨不得找個地洞鑽進去。」同樣是因為身體不舒服請假，成績差的孩子會被懷疑是撒謊，成績好的同學會換來許多的關心和照顧。

成績差的學生的生存環境，著實艱難。

成績好確實是一件好事，這是一個光環效應，就像我們看長得好看的人，總是習慣性地將他們和美好的特質連結在一起一樣，覺得帥哥美女都善良、溫柔、品德高尚，認為長得醜的人是「醜人多作怪」，這是人之常情。就連在交朋友方面，成績好的同學也更容易有朋友。家長們也更喜歡自己的孩子和成績好的同學玩。甚至真的有家長只允許自己的孩子跟成績好的同學玩：「那些不學無術的壞學生，只會把你教壞。」且不論成績不好的同學是不是都不學無術，至少這反映了很多家長的心聲。成績好，人品也不會差，對人肯定也很好，跟這樣的人交朋友，才能上進。成績好，在班級中就成為有朋友的籌碼。還真有孩子跟我說：「我從來不跟成績不好的同學一起玩，他們程度太差了，我跟他們沒有共同語言。」那如果自己成績不好，偏要跟成績好的同學玩怎麼辦呢？新一輪的自卑由此引發。「我的朋友成績都很好，只有我成績是最差的，我總是覺得跟他們在一起自己低人一等。我很努力地學習，希望自己能夠趕上他們。」跟成績好的同學是朋友，就像成年人說某某明星跟我是朋友，

某某官員跟我吃過飯一樣，與有榮焉。

而成績好的同學，不需要特別地去提升自己的交際能力，即使被動、高傲，也一樣有同學會來主動接觸自己。某一天，當成績的光環消失的時候，他們就會措手不及。我曾見過一些國小時成績優異，是老師的寵兒，走到哪裡都自帶光環的孩子，到國中之後成績優勢不再，漸漸變得孤單、沉默起來。

或許有人會說：現實本來就是如此殘酷的。然而，過早地讓孩子面對這樣的殘酷，真的能夠激勵他們勇往直前嗎？成績好似乎是一把「雙面刃」，在大的評價體系下，喜歡成績好的孩子，成了一種文化，讓每個身處其中的人無意識地受到影響。

每到春節，孩子如果期末考試沒考好，假期就別想好過，春節更過不好。有的親戚們會輪流問孩子的成績，誇獎考得好的孩子，考得不好的孩子連說話的勇氣都沒有。只是，大家的注意力都放在考得好的孩子身上，對他們誇讚著、羨慕著、吹捧著，熱鬧非常，回過頭再看看自己「不爭氣的孩子」，就更加一肚子火，怎麼看都不順眼。

這些孩子會拒學，也就不難理解了。成績帶給他們更多的是打擊和傷害，而不是認同和肯定。就如一個孩子說的：「我為什麼要喜歡讀書呢？有病的人才喜歡讀書。」對於這樣的一群孩子，我更在意的是他們如何找到自我認同的途徑，若是因為成績被一票否定了自我價值，他們能在今後的生活中找到屬於自己的價值嗎？

從拒學到自我厭棄之間的距離並沒有我們以為的那麼遠，穿過成績的迷霧，看看孩子真實的樣子，偶爾，是否也可以喜歡一下，成績沒那麼好的孩子呢？

Story 21
期待與拒學有關係嗎？

這些沒有說出口的想法和期待，孩子是怎麼看出來，怎麼感受到的呢？我常跟家長說的一句話是：「母子（女）連心」「父女（子）連心」，這裡的「連心」不單純是指血緣造就的關於基因與遺傳的感應，更多的是在一個家庭中默默流淌的氛圍，會讓很多期待雖然沒有明說，卻比語言更有殺傷力和威懾力。

期待與拒學有關係嗎？

我曾經就這個問題問過很多家長：「你對你的孩子有期待嗎？對她的成績要求高嗎？」大多家長都是一臉困惑，猜想孩子是不是跟我告了狀，讓我找家長興師問罪，為他們討回公道，於是立刻真誠地解釋：「我們對孩子的期待真的很簡單，就希望他開開心心、平平凡凡地生活就行了，沒有要求他要取得多大成就，也從來沒有要求他要考到多少名，在家裡也從來不責怪他成績不好。我們都是很開明的。」我滿臉問號，這跟孩子感受到的狀況完全不一致，難道父母所有的期待都是孩子的錯覺，父母真的完全接納他們自由發展？我再次確認：「真的對孩子沒有期待和要求嗎？他考幾分都可以？」父母們於是再深思熟慮一番，慎重回答道：「當然也不是完全沒有期待，我們肯定還是希望他成績好，將來找一份好工作，但是又擔心提初要求會讓他有壓力，所以一般都不說。」我來了興趣：「那你覺得你的孩子知道嗎？」家長回答：「應該不知道吧。」事實

恰好相反，90%的孩子都能感受到父母對他們有期待，不只是成績，是各方面都有期待，只是父母從不明說。

奇怪的是，這些沒有說出口的想法和期待，孩子是怎麼看出來，怎麼感受到的呢？我常跟家長說的一句話是：「母子（女）連心」「父女（子）連心」，這裡的「連心」不單純是指血緣造就的關於基因與遺傳的感應，更多的是在一個家庭中默默流淌的氛圍，會讓很多期待沒有明說，卻比語言更有殺傷力和威懾力。

我接觸的孩子中有一個孩子很特別。她在一間名校讀國三，是跨縣市就讀。意料之中，在整個國小時期，她的成績都一直穩坐班上第一名。只是在這個高手如雲，大部分同學的家長都是大學教授的學校，她頭一次嘗到了失敗的滋味。國一的時候她還能勉強跟上班級的進度，但是成績只在班上排中等水準，國三的時候，某些科目已經處於班級倒數。雖然她是在明星學校，即使排最後，總分也是非常高的，但是，相對落後往往比絕對落後，更影響著青少年對自己的評價。

但她表現得非常無所謂：「我是不在意成績的，成績好又不代表一切。」她列舉了種種她受到的不公平待遇，證明老師、同學都是勢利眼，自己成績一退步，大家對她的態度就有了明顯的變化，成績不好的同學只能跟成績不好的同學玩。而事實是，她會根據自己成績的水準選擇朋友，成績名列前茅的時候就跟名列前茅的同學玩，成績中等的時候就跟中等的同學玩，現在成績已經墊底了，她便跟班上為數不多的不怎麼讀書的同學打得火熱。她性格活潑開朗，總是能找到適合自己的朋友。

另一方面，如果老師找她談話，了解她為什麼最近成績下降，詢問她：「是不是聽不懂？」她立刻信心滿滿地回應：「沒有啊，我都會寫啊，就是不知道為什麼就是沒有分數。」無論是學校的教學還是一對一的家

Story 21　期待與拒學有關係嗎？

教輔導，她都從不問問題。「打死我都不要問老師問題，我真的都懂。」

她成績退步之後，似乎變得更加「活潑開朗」，成了班級裡搞怪、製造氣氛的能手。她費盡心思，想盡辦法逗同學開心，儼然一個「開心果」、「搗蛋鬼」。她會在上課之後接老師的話，調侃老師，會在黑板上費盡心思編一首頗有趣味的老師經典語錄改編詩，看著大家一邊笑一邊討論，不斷猜測誰是作者的樣子，她開心得不得了。透過這樣的方式，她似乎重新找回了成為焦點的感覺。

老師十分著急，幾次三番約談她，她依然滿臉無所謂。後來她被診斷出有嚴重的憂鬱，對周圍的人和事都喪失了信心，大部分時間都很難集中精力讀書，一度在崩潰的邊緣。媽媽跟我說：「我對她真的沒有什麼要求和期待，只要她健健康康、開開心心的，考一間很普通的高中我都能接受。」經過一段時間的治療，她的情緒問題有了明顯的好轉，新學期開學，原本打算休學的她，硬著頭皮去了學校。狀況跟之前差不多，她再次擔任了班級的「快樂大使」，以調侃老師為己任。

終於，媽媽主動找到我，希望我跟孩子談談學習的事。媽媽很精準地分析了孩子目前的狀況成因：「她成績比不上別人，但自尊心又很強，不願意接受現實，於是假裝不在意成績，整天把精力放在其他不相干的地方，透過譁眾取寵來獲得關注和成就感。」我發自內心地佩服這位媽媽的一針見血，於是好奇地問：「那妳對她學習的事情是什麼態度呢？」媽媽很坦誠：「我覺得自己算是滿開明的，對孩子基本上是放養，不希望給她太多壓力，只要她盡力就好。我自己也學過心理學，知道不能對孩子期待太高，不然孩子可能會承受不了。」我心裡暗想：難怪，原來是學過專業知識，所以能分析得那麼到位。停了一下，她又補充道：「但是我的朋友都說我對孩子期待很高，包括我的妹妹，都說以我這麼愛面子的

性格，不可能放養孩子，看我平時說話，跟孩子相處，都明顯能感覺到我對孩子期待很高。」說著，她無奈地聳聳肩，表達自己的無辜和冤枉。我從不覺得父母不應該對孩子有所期待，所以並沒有覺得她的做法有多不妥，我更感興趣的是她的期待是如何傳遞給孩子的。

我問媽媽：「妳有跟女兒聊過，希望她大概考到什麼成績會讓妳滿意嗎？」媽媽搖搖頭：「沒有，我怕會給她壓力。」我提醒她：「但是她完全可以從妳每次看完考試成績的反應推測出妳大概期望的標準。這個猜的過程可能會引發更多的不確定性和焦慮。」媽媽若有所思。回去之後，第一次正式地跟孩子談了自己身為母親對孩子成績的看法和期待，表達了對孩子期待的理解，也真誠地說了一個母親對孩子前途的關心。孩子沒有馬上就如釋重負，但從之後表現來看，孩子對於學習的積極度有了明顯的提高，在跟我談到「學習」的話題時也不再迴避和掩飾，能夠坦誠地說遇到的困難，與我一起討論解決方法。

「努力就好，盡力就好。」看似鼓勵的話語，其實滿隱含巨大而不確定的期待。有個孩子跟我說：「不管我考幾分，我爸媽永遠是叫我『繼續努力，下次更進步哦』，從來不會告訴我這次很不錯。我考了滿分還是要『繼續努力』，我都不知道努力到什麼時候是個頭，好像沒有止境一樣。」沒有確定標準的期待，孩子看到的就像是看不到邊界的海，因為茫茫無邊，孩子很容易因為看不到希望而放棄。

現在很多家長怕為孩子立定目標，怕告訴孩子自己心中真實的期待，會讓孩子增加壓力，因此，話到嘴邊，都變成：「沒關係，你盡力就好，不要有壓力，我們不在意成績的。」即使心中著急得要命，生怕孩子不努力、不上進影響未來的前途，卻也要把這些話生生地嚥下去。一方面，青少年心理問題的爆發，青春期孩子激烈的情緒表達，讓父母把

Story 21　期待與拒學有關係嗎？

孩子看得非常脆弱；另一方面，心理知識，特別是對於青少年心理特質的知識沒有跟上，心理疾病成了一個令人聞之變色的虛無概念，沒有評估標準，也沒有參考案例，父母們只能小心翼翼地迴避。在大部分孩子心中，都是希望父母對自己抱有期待的，並且希望父母明確地說出自己的期待，期待代表的是重視，是在乎，是不放棄。我接觸到的很多家長都會在孩子出現心理問題之後，驚慌失措地說：「沒關係，成績不重要，上不上學也不重要，我們只要你健康快樂就行。」以為會安慰到孩子，減輕孩子的負擔，沒想到孩子並不買帳：「這樣說，好像我是個廢人了，什麼都做不了一樣，他們也對我徹底放棄了。」

期待本身並沒有錯，如何樹立合理的期待，並且尋找到恰當的方式表達才是最關鍵的。

這裡要提一個專業的心理學概念叫「近側發展區」（Zone of Proximal Development, ZPD）。這是由蘇聯著名心理學家利夫・維果斯基（Lev Vygotsky）提出的，他認為在確立兒童的發展目標，以及進行教學設計時，要使教育對學生的發展產生主導和促進作用，就必須確立兒童發展的兩種水準：一是他已經達到的發展程度，表現為兒童能夠獨立解決問題的智力水準；二是他可能達到的發展程度，但要透過成人的幫助，在團體活動中，透過模仿，才能達到的解決問題的程度。維果斯基特別指出：「我們至少應該確定兒童發展的兩種程度，如果不了解這兩種程度，我們將不可能在每一個具體情況下，在兒童的發展進程與他受教育的可能性之間找到正確的關係。」而兒童在成人指導下藉助成人的幫助，所能達到解決問題的程度與在獨立活動中所達到的解決問題的程度之間的差異，被稱為「近側發展區」。因此，「教育學不應以兒童發展的昨天，而應以兒童發展的明天為方向。只有這樣，教育學才能在教學過程中正確刺激那

些目前尚處於近側發展區內的發展過程」。兒童的學習行為就像是跳躍，不跳躍自然摘不到樹上的果子。但若果子太高，兒童跳起來搆不到，那麼「學習行為」就並沒有真正發生，因為沒有完成內部的建設，自然是失敗的行為。

然而，自己到底能夠跳多高，在成人的指導和幫助下自己到底能達到怎樣的高度，這些標準如果完全依賴於孩子自己來評定顯然不切實際，而且很有可能是會有較大偏差的。這就需要家長透過日常觀察，透過仔細評估孩子的能力水準，跟孩子一起商量確定一個合理的目標，真誠地表達自己相信孩子能夠達到這個目標，實現自己的期待。這個步驟在很多家庭中都是不存在的。現實中，很多父母這樣指定目標：一種是跟其他孩子比較。「別人能考一百分為什麼你不可以？」「別人能安安靜靜地寫作業為什麼你不可以？」「別人都能學會為什麼你學不會？」另一種是目標一勞永逸，貫徹始終：考一百分，考全班第一名，考全年級前十名。國小是這個標準，國中是這個標準，高中還是這個標準，完全不在意課業難度在不斷增加，周圍的競爭對手越來越厲害，本來靠死記硬背可以拿到一百分，現在靠死記硬背只能拿到五十分等因素，想當然地堅定心中的目標。這就是前文所說的，孩子跳起來，發現樹上個果子還離自己有一公尺遠，不斷地跳，想盡了辦法，還是搆不到，慢慢就產生「習得性無助」，連跳都不願意跳了。

可能有些家長也會覺得冤枉：「我們都是跟孩子商量過的，他自己定下的目標，自己說自己可以的。結果自己又做不到，總是說話不算話，我們怎麼能不失望？」這也是親子教育中常會出現的失誤。

孩子因為成長經歷有限，對自身能力評估缺少客觀依據，容易根據一兩次的成功高估自己的能力。再加上孩子急於表現自己，急於獲得家

Story 21　期待與拒學有關係嗎？

人的認同，容易做不合乎實際情況的承諾，給予父母過高的期待。不明就裡的家長會跟隨著孩子的期待，引發自己的失望。果子的高度，孩子是否能夠「跳一跳」就摘到，需要經驗豐富的成年人才能確認，並且給予孩子恰當的指引和參考，不能單憑孩子按照想像中的標準決定事情的走向。

有位媽媽對於自己讀國二的孩子玩手機的事情特別反感，特別是孩子成績退步，沒有學習動力，經常表示很煩躁，需要玩手機放鬆之後，只要一看到孩子手機，媽媽的臉便會不受控制地陰沉下來。雙方經常因為手機的問題發生爭執，關係弄得很僵。有一次，不知道是太陽從西邊出來了還是孩子突然想通了，暑假的時候突然對媽媽說：「我要戒掉手機，再也不滑，時間都用來讀書和運動。」相信這是每位家長夢想中的孩子的承諾，媽媽高興得不得了，臉上長時間掛著欣慰的笑容。暑假有一個月的時間，孩子跟爸爸待在南部，真的沒有帶手機過去。據爸爸說，讀書和運動基本上也都有做到，夫妻倆忍不住感嘆：「孩子長大了，懂事了。」誰知道開學之後，隨著課業壓力的增加，孩子煩躁的情緒也出現得更加頻繁。孩子成績很好，是老師相當器重的潛力股，老師也期待孩子在各方面都能成為同學的模範，當然，這並非易事。因此，每週末回到家，玩手機就成了孩子唯一的放鬆方式，有好幾次都不能按照約定的時間交出手機。媽媽百思不得其解：「不是你自己說要戒掉手機嗎？你之前都可以呀，你再試試看，對自己要求嚴格一點。」孩子毫不妥協，有時候煩躁起來甚至會指著父母的鼻子罵。媽媽一說起來便落淚，焦慮異常。

孩子在一次家族治療中，滿臉的鼻涕和眼淚，指著媽媽悲憤地說：「妳總是不滿意，我做什麼妳都不滿意，妳到底要我怎麼樣！」媽媽傻了：「我沒有想要你怎麼樣，我們是為你好。要求不是你自己提的嗎？」

孩子哭得更傷心了：「我反悔了行不行？我做不到行不行？妳不要再逼我了！」媽媽繼續表示無辜：「我們沒有逼你呀，是你自己定下的目標呀。」為了不讓場面繼續失控，我示意媽媽先讓孩子冷靜一下，鼓勵孩子平靜地表達自己的想法。孩子沉默了很久，才說：「我在南部的時候也沒有做到完全不玩手機，也有偷偷拿爸爸的手機玩，我現在放棄了，我不想逼自己，我做不到，我也承認自己做不到。」爸爸在一旁幫孩子說話：「他只是睡前玩一下，也能準時交還給我。」媽媽這時才說：「我們也並不是完全反對他玩手機，只要他能控制時間，不影響課業就行。」然而，孩子臉上驚訝的表情反映了媽媽之前對手機的嚴厲管教，只要看到孩子拿起手機，便生氣地覺得他不爭氣。家庭成員之間沒有討論過可以接受的玩手機時間，只是透過制止、指責來表達彼此的想法和期待，結果引起誤會。這也正是我鼓勵他們回去做的事情，開誠布公地談，尋找解決的方案。孩子其實很懂事，只是較少表達內心的想法和感受，媽媽也多以指責來表達關心，才導致雙方關係漸行漸遠。誤會解開之後，一系列的問題也隨之迎刃而解。

　　期待沒有錯，合理表達期待，或許會為拒學的孩子開啟一扇窗，抑或是提供如燈塔一般的方向，這些，都將對他們是莫大的幫助。

Story 22
上學，到底是為誰？

孩子焦慮嗎？他們焦慮的是什麼呢？焦慮的是自己的前途嗎？焦慮的是其他同齡人都在努力學習，自己卻在虛度時光嗎？還是焦慮將來會養不活自己，只能啃老？在我接觸的大部分拒學的孩子中，他們並不是完全沒有以上這些焦慮，但他們更像是平靜水面偶爾投下的石子，稍稍提醒一下他們現實的存在。看似乎靜的水面下大量翻滾著的驚濤駭浪是什麼呢？焦慮的原因到底指向何方呢？大部分是指向父母。他們焦慮的是沒辦法跟家長交代，焦慮的是家長會失望，會傷心，會不喜歡他們，更嚴重地說，是會嫌棄他們，最終拋棄他們。

孩子不上學了，最焦慮的是誰？孩子，還是父母？他們焦慮點和方向一致嗎？一個拒學的孩子，可以把整個家庭弄得烏煙瘴氣，長時間低氣壓，家庭裡的每個人都各懷心事，從不表達，卻又心照不宣。

我試圖揭開這層焦慮的面紗。

孩子焦慮嗎？他們焦慮的是什麼呢？焦慮的是自己的前途嗎？焦慮的是其他同齡人都在努力學習，自己卻在虛度時光嗎？還是焦慮將來會養不活自己，只能啃老？在我接觸的大部分拒學的孩子中，他們並不是完全沒有以上這些焦慮，但他們更像是平靜水面偶爾投下的石子，稍稍提醒一下他們現實的存在。看似乎靜的水面下大量翻滾著的驚濤駭浪是什麼呢？焦慮的原因到底指向何方呢？大部分是指向父母。他們焦慮的是沒辦法跟家長交代，焦慮的是家長會失望，會傷心，會不喜歡他們，

更嚴重地說，是會嫌棄他們，最終拋棄他們。

我很少聽到拒學的孩子談論未來的目標和生活規劃，他們一邊被自己的無助和自卑禁錮著，一邊飽含著對父母的愧疚和忐忑，動彈不得。

而父母的焦慮會更有方向性，指向更長遠的未來。不上學怎麼辦呢？沒有學歷，將來有什麼出路？天天在家裡待著，這麼頹廢，上不了大學，將來怎麼找好工作？父母不可能養孩子一輩子，總有老的一天，到時候怎麼辦？

每到開學季，總會有無數這樣的家長，急得像熱鍋上的螞蟻，跟我報告他們孩子的一舉一動：有沒有去學校，今天是上學的第幾天，孩子回來的臉色怎麼樣。說話都小心翼翼的，連大氣都不敢喘，接著就是一堆擔憂：「他作息還是沒有完全調整過來，我很擔心他過幾天又不去了。」「他回來臉色不太好，不知道是不是在學校過得不開心。」「他比班上的同學都大一歲，不知道能不能融入，真是愁死人了。」

一個孩子跟我說：「我不想去上學，但是又擔心父母太難過。你能不能讓我爸媽不要那麼難過？」我沒有正面回答他的問題，反問他：「他們難不難過，跟你上學有什麼關係呢？」他笑笑很自然地回答，我相信這是他發自內心的想法：「他們不難過，我就可以安心地不去學校啦。」我恍然大悟，原來對於上學，他最在意的不是學習本身，也不是不上學對自己造成的影響，而僅僅是父母是否接受，會不會因為他不上學而心情不好。換句話說，他上學與不上學都不是為他自己，都是為了父母，而這個孩子，是一個原本應該就讀高一的大孩子，在心理上卻還沒有形成完全的自我意識，去思考自己想要走的道路。

我於是問他：「上不上學對你而言一點影響都沒有嗎？」我知道，這個孩子原本可以直接讀高一的，但是因為沒有考上理想的高中，才選擇

Story 22　上學，到底是為誰？

重考，他的目標是當地的明星高中。然而他現在的說法卻是180度大轉彎：「我覺得讀不讀明星高中都沒關係，之前是覺得上了好的學校就臉上有光，但現在我想通了，反正最後都是過普通的一生，上什麼學校都無所謂。」他頓了頓，又說：「我爸媽為了讓我進現在的學校花了很多心血，我不去對他們很愧疚。」我詢問他：「你為何那麼堅定地認為自己去不了？」他低了頭，滿臉愁容：「我很多時候大腦都一片空白，只能不斷地滑手機來打發時間，我什麼都不想想。」很顯然，他是處於非常焦慮的狀態，只是表面無所謂。「想到學校那麼多人，我整個人就很煩，我覺得自己很醜、很差，沒辦法跟同學相處。」毫無徵兆地，他又陷入了自我否定的泥沼中，認為自己一無是處。最後，他說出了他的解決方案：「不去上學，就什麼問題都沒有了。」經過一系列的內心掙扎，他為自己找到了出路：為了應對焦慮，他寧願放棄全部的渴望和期待。一步步往後退，不斷自我放棄，他並未覺得有什麼惋惜和遺憾，對他而言，不惜一切代價地從焦慮的泥沼中爬出來，才是最重要的。

　　用逃避的方式處理自己的焦慮，對於父母的焦慮和失望，他卻無能為力。找學校、報名補習班，幫他補習上課，為他制定學習計畫，全是父母一手包辦，他全權信任父母的選擇，依賴父母去為他解決一切問題。因此，如果不去上學，他最在意的也是父母會傷心難受，這個16歲的孩子，還沒有學會為自己的行為負責，而是與父母緊緊相連，揣測著他們的臉色和心情行事。他會不斷問媽媽：「我該怎麼辦？我該怎麼辦？」他鼓起勇氣，對媽媽說出對爸爸的愧疚：「為了我能上這所學校，爸爸跑了很多天，到處幫我找機會，我不去上學，心裡很愧疚。我該怎麼辦？」媽媽被他問得焦慮無比，也六神無主起來。她努力開導孩子，又轉身安撫丈夫，讓丈夫不要給孩子太大的壓力，不要給孩子臉色看。這些事情媽媽做起來得心應手，從孩子出生後，十幾年來，她一直幫孩

子做著所有能做的事。曾經有一段時間孩子跟爸爸關係很僵，只要一說話就會吵起來，媽媽不斷在兩人之間扮演協調者的角色。這就像一種不需要言語傳達的默契，孩子皺一皺眉，她便不忍心，趕緊飛奔過去，幫助孩子。這種不忍心，也造就了天然為孩子承擔大部分責任的教育方式，讓孩子幾乎不用自己思考和做選擇。他一直像幾歲的孩子一樣，習慣看父母的眼神和表情去做選擇，而不是依從自己內心方向去選擇自己的人生。為什麼要上學？對他而言一直想不到答案，因此，他自己很清楚：「我覺得考什麼學校都無所謂，所以遇到困難我就沒有動力堅持下去。」

他還沒有學會為自己的選擇負責任，去尋找自己的人生方向。讀書？當然是為父母而讀。又一年開學，他在焦慮糾結了近一個月之後，硬著頭皮去了一天，便不肯再去。他見到我的時候有說不完的抱怨：「老師第一天也沒有讓我自我介紹，就若無其事地讓我到座位上坐下來，一點也不重視我。」「同學也很冷漠，不像之前的班級，都沒人跟我打招呼。」「課業壓力好大，數學老師講解一題，我才剛做了一半，他就已經講下一題了，我跟都跟不上。」「還要天天跑步，我跑了兩圈就累得不行了，到現在腿還是痠的。」……「我堅持完一天，就下定決心再也不去學校了。」我聽著他像一個國小生抱怨上學辛苦一般地說著學校的一切，想不到合適的回應。當然，上學跟在家隨心所欲相比，肯定是辛苦很多的，他因為辛苦選擇不上學，就像一個小孩子，不滿意的東西就不要一般，沒有任何的思考和權衡。

但他已經 16 歲了。

「無論你長多大，在父母眼中你都永遠都還是個孩子。」在很長一段時間，這都是一句充滿愛意，對親子情感最溫暖的表達。然而，我卻發現，現今的親子教育，像是對這句話忠實的踐行，又似乎哪裡不對。

Story 22　上學，到底是為誰？

永遠是孩子，代表孩子永遠長不大，永遠不能讓家長放心，永遠沒有自己的想法和追求。空前繁盛的物質條件下，少子化趨勢下帶來唯一的寶貝孩子，加之無法從實踐中累積教育經驗的尷尬，讓許多家長習慣一如既往地過度保護孩子。何謂一如既往，就是孩子成年之後，還當他是孩子，還無比負責任地去幫他善後，幫他鋪路，總是對他不放心：「他還是個孩子啊。」心中無比堅持這樣的觀點，數十年不變。因此，孩子讀書為父母，這樣的現象就不足為奇了。若是你問他：「你不想為自己而活嗎？」他會立刻變得焦慮迷茫。擁有自由，也意味著要為自己的選擇負責，這對從未離開過父母保護的孩子而言，是非常恐怖的一件事。

很多這類拒學的孩子，當他們選擇休學或者冒出想要休學的念頭的瞬間，頭腦中浮現的都是父母失望、擔憂的臉，連連搖頭的表情。我認識一個國二的女孩，費盡心思好不容易讓父母答應她休學，卻在父母辦完休學手續的第二天跟媽媽提出：「不然我還是再回去上學試試？」把媽媽氣得說不出話來。我也很好奇，這種情況是比較少出現的，大部分孩子在辦完休學手續的那一刻，就彷彿進入假期一般，迎來解脫的暢快，立刻把學習的事情放在一邊，興奮地玩樂起來。剛休學就反悔的，聽起來有點不可思議。她面帶憂傷：「我就是不想聽我爸不停在那裡說我不上學，廢了，將來沒希望了，在家裡我不管做什麼他們都看我不順眼。」我問：「那妳現在回學校能適應嗎？」她沉默，沒有回答。這樣的選擇更像是從一種焦慮逃避到另一種焦慮，來來回回尋找適合自己的地方，但總是徒勞。

還有一個女孩子在復學後遇到困難，在學校裡過得很煎熬的時候，不止一次地跟我說：「好想再休學啊，但是這種話我不能跟我媽說。」我被她這話吊起興致：「什麼原因呢？」她嘆一口氣：「跟我媽說了她肯定

會崩潰的,我良心過意不去。」「妳怎麼那麼確定媽媽會崩潰?」她很肯定地說:「肯定的,我平時一說想請假,一在學校表現不好,她就好像天塌下來一樣,整個人慌亂到不行,再是我說要休學,她一定會瘋掉!」媽媽會不會真的瘋我不知道,但在孩子心中,對媽媽會崩潰的恐懼絕對是真實存在的。為了應對這樣的恐懼,她可以繼續撐下去。

不知道從什麼時候開始,孩子上學成了為老師上,為家長上,考試是為學校考,為家長爭光,這似乎成了一種常態,並不會讓人覺得有任何不妥。至於上學本身的價值和意義,以及孩子學習的內在動力,自然成了被忽略的領域,甚至很多人在潛意識中認同:學習就是痛苦的,就是需要煎熬、需要硬撐下去,為了美好的未來,一定要上學。學習變成了為了遙遠而飄渺的未來要忍受的一件事,享受學習,快樂學習,根本不可能。不可否認,讀書並非是一件輕鬆的事,但缺少自我意義感和價值感的學習過程,會使其變得面目可憎,人為地增加學習的恐怖程度。當附加的壓力和關注不斷附著在學習上,孩子便越來越無法了解學習的真面目,更加步履維艱。

家長可能會很奇怪:「我每天都跟孩子說讀書是為自己讀,不是為父母讀,考差了對父母又沒有影響。」老師們也奇怪,表示自己一直在強調:「你們學習又不是為我學,你們考不好,我又不會少領一分薪水。」話雖如此,但在有些學校中,學生的成績是跟老師的績效掛鉤的,這就必然會引導老師對成績好的同學另眼相看。而能做到「不以成績喜,不以成績悲」的家長,古往今來都較為少見。道理和方法我們都懂,卻太容易受外界的價值觀和大趨勢的影響。這些,孩子都看在眼裡,心知肚明。

我想起我跟一個家長之間的對話,家長表達她的開明:「我不在乎我小孩考多少分,她只要努力了就行了。」我於是問:「那怎麼判斷孩子有

Story 22　上學，到底是為誰？

沒有努力呢？」媽媽很自然地說：「那當然是看她的成績呀。」我忍住笑，這位媽媽絲毫沒有發現自己言語中自相矛盾的地方，仍堅持自己開明、平等。只在意結果的家長，很難培養出在意過程、享受學習的孩子。成績很多時候並不能完全代表學習過程，如何讓孩子真正體會到學習的樂趣和意義，發掘出自身學習的原動力，才是最值得思考的問題。

Story 23
上學的意義是什麼？

這些孩子，他們有強烈的孤獨感和無意義感，他們從小都是最好的學生、最乖的學生。他們也特別需要得到別人的稱讚，但是他們有強烈的自殺念頭，也不是想自殺，他們只是不知道，活著的價值和意義是什麼？

「上學需要知道意義嗎？你這麼小不上學能去幹嘛？」「每個人都去上學，就你不去，像話嗎？」「現在不上學，你以後能做什麼？當清潔工嗎？」

對於「上學的意義是什麼？」這樣的問題，父母的回答通常有以上幾種。從現實的角度，父母大概很難想通為何這會成為一個需要思考的問題。「吃飽沒事幹」，大概能很準確地解釋他們對此類問題的嗤之以鼻的態度。

不過，的確有一部分孩子是因為找不到上學的意義而拒學的，進一步來說，他們也找不到人生的意義、活著的意義。

有個12歲的男孩，國中上了一間名校，他念的國小在家裡附近，後來因父母工作調動，便跟隨父母來到了外地讀國中。他憑藉自己的努力進入名校，而且在學校的成績一直保持在年級前二十名。於他而言，學習是一件很容易的事情，他總能輕鬆地完成學習任務，輕鬆地讓成績在年級中名列前茅。什麼是努力學習，什麼是勤奮努力換來成績進步的

Story 23　上學的意義是什麼？

成就感，他都沒有感受過。他的家境優渥，父母都是大醫院的主任級醫師，在物質條件上，他想要什麼都能得到。

然而，他卻在國一剛過了一半之後，開始拒絕上學，每天去學校都要跟父母經過一番鬥智鬥勇，請假也成了家常便飯。

他第一次見我就很直接地說：「我也不知道我究竟是為什麼不想上學，我覺得自己並不討厭上學，與同學之間的關係也沒有明顯的問題，我很少跟同學有矛盾，我成績也不錯……」彷彿自己都說服不了自己，找不到一個冠冕堂皇的拒學理由。接著他又滔滔不絕地談起上學的重要性：「我不是那種活得渾渾噩噩的人，我有自己明確的人生規劃和目標。我不想平庸地過一輩子，我將來從事的職業一定要是光鮮亮麗的、人人羨慕的，這就一定需要學歷，所以我知道一定要上學，我很清楚上學的重要性。」我深信他理解他所說的全部理論，他也發自內心地認同這些理論。

而實際的情況是怎樣呢？

他在國一下學期開始，可能因沉迷玩手機、打遊戲及看小說漸漸開始賴床，不願上學，有時因上學的問題煩躁不安，要求父母允許他每天玩兩個小時的手機，父母妥協後他才能勉強正常上學。他的情緒慢慢變得不穩定，經常因小事跟父母發生口角爭執，嚴重時會亂摔家裡的東西。國一放寒假後他沉迷玩手機遊戲，幾乎每天玩六小時以上，經常日夜顛倒，被家人勸說時則大發脾氣。新學期開始他便完全拒絕上學，終日在家打遊戲。因為發脾氣自己摔了手機，他命令父母馬上拿去修或者買新的，父母怕他繼續沉迷手機，沒有立刻行動。後來他乾脆絕食，威脅父母不買手機他就不吃東西。

種種跡象，都讓家人認定他是因為遊戲成癮才像變了一個人似的，都是遊戲惹的禍。

他對家庭情況的陳述很坦誠，說父母都很忙，自己從小就習慣一個人在家，自己的事情自己解決。接著又強調：「我在學校與同學的相處都很好，整個年級六分之五的人都認識我。」我於是問他：「那你是有很多朋友嗎？」他搖搖頭：「我沒有朋友。」想了想，又說：「或者說看你對朋友的定義是什麼，在我的定義裡，我沒有朋友。」我嘗試詢問：「你對朋友的定義是什麼呢？」他在那一刻突然收起拒人千里之外的「優秀」氣質，露出低落的表情：「可以聊天的。」於是我知道了他跟同學的相處方式，真的僅限於認識。每位同學看到他都打招呼，他在學校總是滿臉笑容，一副無憂無慮的樣子，跟同學嬉笑打鬧，一旦放學回家，或者在週末，他不會跟他們有任何連聯絡。他不知道找什麼理由去聯絡同學。

他跟人談話總有一種距離感，他只表達自己好的一面，對於任何涉及自己需要幫助的內容，他都異常謹慎，飛快地轉移話題。反覆跟我說他很好，他也可以上學，只是想暫時放鬆一段時間而已，是父母太緊張，才讓自己過來進行心理治療。

他有一次擺沙盤，擺放自己和遊戲中認識的三個朋友一起在海邊野餐的畫面，告訴我他能認識這幾個朋友覺得很開心，大家相處也很真誠，與自己在學校的朋友很不同。在國中，他已經明顯感覺到了同學間的「明爭暗鬥」，他跟同學都是戴著「面具」相處，對每個人都是笑臉盈盈的，從不發脾氣，也從不跟任何人發生矛盾。這是一種有距離感的禮貌和客氣。「他們心裡都等著我成績掉下來。」他面無表情地說。我相信他所在的學校競爭激烈，但同學都是天天希望他成績下降，好讓自己的排名上升嗎？我不禁打個冷顫：一個十幾歲的孩子認定周圍的同學對自己都沒有基本的善意，處境該是多麼焦慮和無助？

他從小對父母的印象都是「很忙」，永遠都在忙，沒有能真正跟他放

Story 23　上學的意義是什麼？

鬆交流的時間。父母唯一關注的就是他的成績，平時跟他談論的話題也主要局限於：要努力學習，成績很重要。「還有其他互動嗎？」我問。他想了想：「其他的大概就是我想要什麼都給我買吧。」眼神裡都是落寞。

他從小就是公認的聰明孩子，什麼事情都能輕鬆搞定，他不知道什麼叫努力之後的成就感，他不會交朋友，不知道怎麼跟周圍的同學真誠地相處。家庭裡沒有溫暖，他不願回家，寧願在外面到處遊蕩。

他說：「我在遊戲裡找到歸屬感。除此之外，我不知道做其他事情有什麼意義。」其他事情，當然也包括上學。

我還接待過一個六年級的小女孩。她告訴媽媽她情緒很不好，有輕生的念頭，並且反覆提了很多次。媽媽大多數時候的反應都是：「每個人都有煩惱，生活就是這樣，妳要自己調整。」後來這位媽媽眼看孩子的情緒問題越來越嚴重，不得不帶她來諮商。媽媽找到我，說的第一句話是：「我最擔心的就是她覺得自己生病了，就可以不用好好讀書了，就自己放鬆了。你知道的，現在社會競爭壓力這麼大，只能靠自己奮鬥。」接著補充說：「我從小的家庭教育跟她相比，不知道壓力大多少倍，我都能撐過來，為什麼她不能？以前她的外婆對我，那才叫嚴格，她現在不知道多幸福。」

媽媽不接受女孩的情緒，也不相信她真的會有輕生的念頭。媽媽最擔心的是孩子以此為藉口，放鬆學習，慢慢拒學。在媽媽的關觀念裡，人活著就要努力奮鬥，什麼都要做到最好，用孩子的話說：「要做到完美，要第一，不然就沒有任何意義。」她是這樣要求自己的，也這樣要求自己的孩子。按照這樣的觀念，一旦放鬆，人會有惰性，就沒有動力奮鬥。

女孩國小升國中後發揮良好，加上學區分發的好運氣，她即將到名校上學，這是一件很光榮的事情。我問她：「妳開心嗎？」她說：「本來

以為會很開心，但是看到入學通知書的時候，稍稍有點開心，後來就什麼感覺都沒有了。」她乾笑一下，情緒複雜地說：「我媽很開心，還發了貼文。」說完，又莫名地笑笑。

她說：「我有時候很自大，有時候又很自卑。」她跟身邊的同學格格不入，覺得他們都很幼稚，喜歡玩遊戲，喜歡追星。她喜歡看書，看很多她的同齡人不會看的小說，比如《紅樓夢》，雖然有些她也看不懂。她寫的作文總是被老師評價為「太成熟」、「沒有童真」。媽媽總是誇獎她的作文寫得好，她說：「那是我媽為數不多的發自內心地誇獎我。」媽媽於是聯絡自己出版社的朋友，希望幫她出版她的文章，結果得到的回饋是：「文字太成熟了，不像國小生的文字，要再童真一點才合適。」她很無奈，在得知她的年齡之前，大家都說她的文章寫得好，一旦知道她的年齡，就覺得很奇怪，無法再欣賞。她寫的都是悲傷的短篇小說，全都是悲劇故事。

她的成績大部分時候是比不上其他人的，無論她怎麼努力，媽媽積極地為她報名各種補習班，努力把她打造成優秀的小孩，但最終都是徒勞。

她白天有事情做的時候還好，一到晚上，她就無意識地開始想人生意義的問題，覺得莫名的空虛，怎麼想都想不到活著有什麼意義，絕望便慢慢包圍著她。有時候她會用刀割自己的手臂，看著血流出來，心裡能稍微輕鬆一點。

她渴望愛情，她所寫的故事大部分都是愛情故事，但都是悲劇結局。她說希望能遇到一個男孩子能讓她明白人生的意義，但馬上否定自己：「別人是靠不住的，只能靠自己。」她不相信有人會真正喜歡自己，這方面她很自卑。小的時候大部分時間是外婆帶她，外婆年紀大了，但

Story 23　上學的意義是什麼？

是脾氣仍然很差，說話也很直接，會因為很多莫名其妙的事情罵她，會經常半開玩笑半認真地感嘆：「妳怎麼長得這麼黑，怎麼這麼黑呢？」鄰居家有個很漂亮的女孩子，她語氣中透漏著不服氣，說：「每次她跟我說話，都是仰著頭，一副居高臨下的樣子。」過了一會下，又低落地說：「但是她真的很漂亮，就像公主一樣，而我⋯⋯」

上學的意義究竟是什麼呢？

考個好大學，找份好工作，過穩定的生活？光宗耀祖，完成父母的心願？

「我們以前就是沒有機會讀書，學歷不高，現在工作這麼辛苦。賺錢那麼不容易，妳好好讀書，以後找個穩定的工作就不用這麼辛苦了。」這是很多家長發自內心的期待。

有個大學考試考得很好的孩子說，他覺得自己在一個四分五裂的小島上，不知道自己在做什麼，要得到什麼樣的東西，時不時感到恐懼。19年來，他從來沒有為自己活過，也從來沒有活過，所以他才會想輕易地放棄自己的生命。

還有一位同學告訴我：「學習好、工作好是基本的要求，如果學習不夠好、工作不夠好，我就活不下去。但也不是說因為學習好、工作好了我就開心了，我不知道為什麼要活著，我總是對自己不滿足，總是想各方面做得更好，但是這樣的人生似乎沒有盡頭。」

這裡涉及一個很早就被提出來的概念，叫「空心病」。什麼叫空心病？

空心病與憂鬱症相似，情緒低落、興趣減退、缺乏快樂感，如果到醫院精神科，一定會被診斷為憂鬱症，但是問題是藥物無效，所有藥物都無效。

這些孩子，他們有強烈的孤獨感和空虛感，他們從小都是最好的學生、最乖的學生。他們也特別需要得到別人的稱讚，但是他們有強烈的自殺意念，也不是想自殺，他們只是不知道為什麼活下去，活著的價值和意義是什麼？

關鍵的問題是缺乏支撐其意義感和存在感的價值觀。

空心病的概念是指經常有強烈的孤獨感和空虛感，找不到自己的人生意義，缺乏支撐其意義感和存在感的價值觀。

簡單來說，就是找不到生活的意義，無法理解生存下去的理由。但很多家長對此完全無法理解，不屑地表示：「純粹就是太閒。」

那些得空心病的孩子，他們為什麼找不到自我？

因為他們的父母和老師都只讓他們瘋狂地追求分數，追求成功。

他們只教會了孩子如何「幹掉」敵人，卻從未教孩子怎樣有價值、有意義地活著。在網路上，看到一個家長在教養社團貼了一張「作息時間表」，孩子除了週一到週五學校正常的課程之外，還有文學、鋼琴、游泳、英語、舞蹈等九種才藝班。孩子的媽媽說：「我的每個安排都是有目的的，跆拳道為了鍛鍊身體，增加男子氣概；彈鋼琴是為了培養藝術天賦；英語是為了出國方便；練書法是磨練他的耐性⋯⋯」每句話，都離不開「有用」、「目的」，但你選擇的「有用」教育，真的是孩子喜歡的、有意義的嗎？

拚命報名各種才藝班，頭破血流買明星學區的房子，這不叫教育。梁啟超在《學問之趣味》中寫道：「凡人必常常生活於趣味之中，生活才有價值。若哭喪著臉捱過幾十年，那麼生命便成為沙漠，要來何用？」

讓孩子哭喪著臉去追求父母設定的目標，接受被安排的教育，在燦爛的少年時代卻過著沙漠化的人生，真的好嗎？

Story 24
上學，會傷自尊嗎？

有一部分孩子不願意上學，其實是在保護自己脆弱的自尊。這就好像有些孩子會故意表現得自己不努力讀書，漫不經心，不是因為他不在意，而是怕投入時間和精力，很努力地付出之後，結果依然不好，這樣就再也找不到一個合理的解釋，來保護自己的自尊不受傷害。而不努力就可以演繹出很多理由：反正我也不怎麼認真；我就是不想好好讀書；我只是沒有努力而已，我要是努力了實力絕對不只是這樣。

我將拒學對自尊的保護視作「不努力」的更新版，具有異曲同工的效果。

一個休學三年的孩子，好不容易鼓起勇氣回到學校，第一天便備受打擊。

數學以前是他最擅長的科目，不用付出很多時間精力，就能拿到高分。現在聽數學老師講課，他要很吃力才能跟上老師的邏輯，隨堂習題發下來，同學們全都「唰唰唰」地快速計算答案，一副很輕鬆的樣子，他卻要想很久才能找到解題方法，才剛算到一半，老師已經開始講下一題了，附帶一句口頭禪：「這題這麼簡單，我不講你們也都會。」在他耳中，彷彿萬箭穿心，每一支箭上都寫著「你怎麼這麼笨」幾個字，讓他恨不得找個縫隙鑽進去。我幫他分析：「但是你國一國二幾乎都沒上，三年都沒怎麼在寫題練習了，相比於一直處於學習狀態的同學，靈敏度肯定有

差距。」他滿臉愁容，有氣無力地回答：「這個道理我也知道，但是我暑假也補習了，家教教我的時候我都能跟得上，當時還很有信心。」我心想，那是當然，家教是依照你的狀況來設計進度的，現在班級的老師是要照顧到大部分人的水準，不過忍住沒有說出口。他繼續表達無奈和受打擊：「從來沒有經受過這樣的挫敗，這個學校很普通，我本來是打算去考第一，嚇嚇同學們的，沒想到卻是這樣，太丟臉了。」

　　老師在他第一天到學校的時候沒有介紹他，也沒有讓他自我介紹，沒有同學主動跟他說話，也沒有人跟他打招呼，他在學校就彷彿是透明的。他中午去吃飯，其他人都是三三兩兩坐在一起，只有他是一個人，他覺得自己像個傻子一樣。下課的時候同學們都在聊天，他插不上話，一個人呆坐在位子上。周圍的同學他一個都不認識，沒有人跟他說話，他坐在自己的位子上不知所措，異常緊張。這個孩子長相帥氣，在以前的班上成績優異，也很擅長運動，是風雲人物一般的存在，現在卻遭受這樣的冷落，對他而言簡直是一種恥辱。「我覺得我坐在班上就像是多餘的，太丟臉了。我都找角落的位子，生怕其他人看到我。」

　　學校在體能考試的時候，因為他以前是學校校隊的，跑步對他來說就像玩一樣。然而，休學的幾年中，他幾乎無事不出門，偶爾出去爬爬山也都是一個小時左右，基本不會出什麼汗，生活過得像退休老人一般，遊戲成了他唯一的寄託。自然而然，他的體能跟以前比起來也退化很多，跑幾圈就累到不行，大口喘氣，全身疲痛，他形容：「跑最後一圈我覺得自己快要死了。」好不容易硬撐下來了，他反覆跟我強調，真的很難受，好多天之後他的腿還是疲痛的，太痛苦了。我想，他很清楚運動產生的乳酸堆積，是要在之後的幾天都適量運動，才能比較快地代謝掉，否則疲勞的感覺會持續得更久。他沒有運動，他沒想到自己的體力會變得這麼差，以前都是他嘲笑其他跑不動的同學，他一直是「運動健

Story 24　上學，會傷自尊嗎？

將」代言人，他接受不了自己突然變得這麼弱。「我再也不跑步了！丟臉！」

上了一天課，在家裡待了四天之後，他跟我談論的都是在學校遇到的困難，以及不斷丟臉的經驗。這一天的上學經歷，每一刻、每一件事都傷害著他脆弱的自尊心，讓他無比羞恥，讓他信心全無。

從第一天在學校跑完步，他就下定決心：「太累了，我再也不上學了！」果然，在之後的幾天，一直到見我的時候，他已經有一週沒去學校，只是礙於父母為了讓他上學做的安排和付出，一直不敢跟父母明說。他對我說：「如果我不去上學了，我也不會再來見你了，『無臉見鄉親』。」他說完，不自然地笑笑。我一時不知道該做什麼表情，記憶中當時應該是「哭笑不得」的表情，我不知道該如何跟他解釋，讓他理解我絕不會因為他上不了學或者在學校做得不好而失望或者輕視他。他用半開玩笑的口氣說著這句話，我卻有些不寒而慄。他是一個很「乖」的諮商者，從不遲到，甚至幾乎不請假，他會表達這樣的意願，一定是經過深思熟慮的。不去上學，沒有比較，他就還是那個優秀的他，一如以往。

後來，他果然沒有再去上學，也沒有再回來做心理治療。媽媽回饋說他情緒狀況還不錯，在家裡玩玩遊戲，爬爬山，狀態看起來還可以。家人對他的恢復是滿意的，因為這個孩子剛找到我的時候因為無法上學，信心受到極大的打擊，整個人非常消極悲觀，不願意出門，整天想結束生命。目前，他能夠坦然接受現狀，打算休學之後去讀高職，家人已經非常欣慰。我卻始終帶著遺憾，我深知：他為了逃避所有對自己自尊心的傷害，選擇乾脆什麼挑戰都不去面對，以此來維護自己一直很優秀的形象，為此放棄多少發展機會，都在所不惜。不知若干年後他是否會後悔呢？

不做便不會錯，便不用面對自己的無能與無助，這是孩子保護自己全能自戀的方式。所謂自戀型人格，在嬰兒期的孩子身上最為明顯，一歲以前的孩子自我行動力非常弱，卻對母親有著「隨叫隨到」的支配能力，無論是渴了、餓了、困了，抑或只是無聊了，只要他一哭，母親就會立刻飛奔過來，滿足他的需求。這樣完全支配母親的感覺，形成了嬰兒最初對自己力量的評判，認為自己無所不能，能夠做到所有想做的事情。隨著嬰兒的成長，這樣的自戀會不斷受挫，因為隨著孩子的長大，母親無法再滿足孩子所有的需求，孩子會遭受拒絕，會經歷失望。而這個受挫的過程也是必需而有意義的，是在挫敗嬰兒的「全能感」，讓他能夠更客觀地看待自身的能力，看待自己與外界他人的關係。

而我接觸的很多孩子，特別是從小是「天子驕子」的，老師、同學、家長寵兒的孩子，並沒有經歷這個過程。可能在他們的國小或者國中階段，一直都是一帆風順，因為成績好便能輕鬆獲得所有的寵愛。一路走來，他們的「全能感」從未被挫敗，一直在完美的幻象中生活，於是就有了「我從沒想過我會考這麼差」、「我從沒想過有一天我會沒有朋友」、「我從未想過我會失戀」的心理落差。

然而，憑什麼你就不能失敗，不能做不好呢？

我遇到過一個從國中開始就反覆憂鬱，總是會在考試或者課業壓力大的情況下復發的孩子，這樣的狀況一直持續到高三。整個國小階段她都一直是班級第一名、班長，且因為長相可愛，為人熱情，一直是班級的寵兒。她是家裡唯一的孩子，爺爺、奶奶、爸爸、媽媽，所有人都圍繞著她轉；她是鄰居、親戚、朋友眼中的「別人家的孩子」，人人羨慕的對象。常會有人向她的爸爸媽媽取經：「怎麼把孩子教得這麼好呢？」父母雖然口頭上謙虛，心裡卻是在竊喜。

Story 24　上學，會傷自尊嗎？

　　這樣的狀況，到國二時徹底改變。國中時她進入了當地最好的國中，學校競爭激烈。她的成績雖然也不錯，但跟國小時完全不能比，她不再是老師的寵兒、人群的焦點。她人際關係的問題也逐漸顯現出來，因為自小優秀，眾星拱月，她漸漸養成了唯我獨尊的個性。國小時大家都忍耐著，加上她的確很優秀，很多小朋友願意跟她交朋友。國中之後不再有人遷就她，她很快便遭遇了「無朋友可交」的尷尬境地，在學校大部分時間都是獨來獨往。這樣的狀況持續到國二，她憂鬱症發作，斷斷續續上學，每到考試就憂鬱嚴重，睏倦不已，無法起床，艱難地讀完了國中。

　　要考高中時，她堅決不考，威脅父母：「你們要是敢幫我報名，我就跑出去，讓車撞死！」父母不知所措，只能依著她。第一次大考，她沒有參加，中考期間她一直窩在家，足不出戶，日夜顛倒。

　　後來，她又後悔了，想上高中，父母只能找補習班讓她複習。她勉強參加完會考，成績卻並不盡如人意，最後只能上私立高中。高一時，因為在普通班，雖然經常請假，基礎還算好的她，有了穩坐第一的機會，分數遠遠超過第二名，再次擔任班長，這是她國中以來狀態最好的一個階段，準時上學，準時考試，跟班上每位同學都相處得很好，同學再次以仰望的眼光看她。她的憂鬱彷彿完全好了，沒再出現任何症狀。

　　高二分班，她因為成績優異進入升學班，雖然成績名列前茅，但明顯壓力更大，班級的競爭也更激烈。出乎所有人意料，她的狀況再次變化，一到考試前，憂鬱狀況便加重，起不了床，怎麼睡都還是睏，不想出門，什麼事都不想做。高二、高三兩年時間中，她參加的考試屈指可數，大部分都是非常有把握或者不得不參加的考試。面臨大學學測，她非常焦慮，擔心自己無法堅持應考，擔心這麼多年的辛苦努力都白費。

她跟我說:「我不敢再愛學習。」我疑惑地望著她,她接著說:「從國中開始,學習帶給我的傷害太多了,太多對學習的付出沒有回報。」是啊,就像全心全意投入愛一個人,對方卻全然沒有任何回應一樣,愛學習,努力投入,成績卻不盡如人意,同樣傷自尊。為了保護自己脆弱的自尊心,她選擇不考試,選擇經常請假,同學、老師給她的評價是:「妳這麼常請假成績都還可以這樣,已經很不錯了。」她需要這樣的安慰和自我安慰。

　　只是,這就像一個無限循環,越保護,自尊心越脆弱,越陷入虛幻的「自戀」中無法自拔。接受人都會失敗,自己永遠不可能什麼都做得好,放開緊緊包裹的自尊心,才是真正的解決之道。

Story 25
生病了，我就可以不上學

我們稱為用身體來替「內心說話」。這些病，都極有「個性」，而且能幫助孩子們表達無法言說的內心感受，得到一直求而不得的「理想生活」。而對在學校受挫的孩子來說，這裡的理想生活便是 —— 不用上學。

誰會希望生病呢？

傻瓜嗎？

非也。這群孩子可不傻，非但不傻，還幾乎都是或者至少曾經是成績優異的好學生。他們的「病」也奇怪，不痛不癢，所有的身體檢查都是健康正常的，然而，他們的痛苦又是那樣真實，症狀也是那麼明顯，家人焦慮著急，卻也無可奈何。

我們稱為用身體來替「內心說話」。這些病，都極有「個性」，而且能幫助孩子們表達無法言說的內心感受，得到一直求而不得的「理想生活」。而對在學校受挫的孩子來說，這裡的理想生活便是 —— 不用上學。

這個小女孩才剛滿 10 歲，卻已經持續一年，不明原因地頭暈、偶發的呼吸急促。這一年時間裡，父母帶她四處求醫，幫她辦了休學，把之前一直受寵的弟弟送回老家上學。原本因為開工廠而無比忙碌的父母，推掉所有事情，全職陪她，特別是媽媽，幾乎跟她寸步不離。

她很鎮定地跟我描述她第一次發病的經過：她本來好端端地在寫作業，弟弟突然一個鞋子飛過來，打了她，她心裡很氣憤，不過沒有發作，只是低頭不說話，後來慢慢就感覺呼吸加快、加深、喘不過氣來，而且頭非常暈，像哮喘發作一般呼吸急促起來。我於是問她：「那妳家人這時候怎麼做的呢？」她回答：「他們都圍著我，叫我放鬆，但是我好像控制不了自己的身體。」「能聽到他們說話嗎？」她認真想了想說：「能聽到說話聲，但感覺很遙遠，聽不清楚。我整個人昏昏沉沉的，不知道自己做了什麼。」無奈，家裡的爺爺奶奶立刻叫來父母，將她送到醫院，又是做全身檢查，又是打打點滴，又是吸氧，兩天之後情況才慢慢好轉，出院回家。這兩天中家人非常緊張，寸步不離地守著她，對她的態度也是前所未有的好，好吃的好玩的，有求必應，當然，這也是我們通常對待生病孩子的關愛態度。家人看她慢慢好起來了，就送她回學校上學。她只在學校待了半天，就待不下去了，頭暈目眩，天旋地轉一般。家人只好把她接回家裡，但是她在家裡也是一看見書本就頭暈，呼吸急促的情況每兩三天就會發作，家人沒辦法，讓她一直待在家，大約一年的時間都沒有去上學。

　　現在，爸爸媽媽，尤其是媽媽，幾乎天天陪著她，主要的工作就是帶她到到處就醫，幾個不同縣市的都去過。偏方、迷信也都嘗試過，她都非常配合，認真按照醫生說的去做。媽媽對待病中的她幾乎是有求必應的。因為她吃飯少，也會千方百計想辦法哄她吃飯。媽媽有時候會抱怨：「她生病之後好像變幼稚了，任性了。」不過，這並不妨礙她每次跟媽媽一起出現，都開心幸福，靠在媽媽身上撒著嬌。

　　原本應該讀四年級的她，對學習不是完全沒有擔憂的，她說：「四年級的課程好難，我很多都聽不懂。」又說：「我缺了這麼多課，缺了那麼多作業，肯定跟不上。」我問她：「在家裡會覺得無聊嗎？」她搖搖頭：「不

Story 25　生病了，我就可以不上學

無聊啊，還不錯。」我又問：「想去上學嗎？」她點點頭：「想啊，但是我現在生病，我也沒辦法。」

的確，孩子心裡認為：我都已經生病了，難道你還要勉強我上學嗎？你於心何忍？

第二個孩子更特別，她每到考試之前就發病，平時吃喝玩笑，都好好的，讓人摸不著頭緒。

第一次發病是在國小升國中考試前。考前一週她突然發起了高燒，退燒後逐漸變得表情呆呆滯，回到學校後，跟同學相處時反應遲鈍甚至沒有反應。她意識不清，昏昏沉沉，當然，也就聽不了課，做不了題目。同學、老師都覺得奇怪，無法理解，勸其回家休養。回家後，情況更糟，她幾乎不說話，大部分時間都在睡覺，叫也叫不醒，除了吃飯，其他時間都在床上昏睡，嚴重的時候連洗澡、換衣服都要家人幫忙。之後雖然上了國中，但每到考試都會準時發病，讀了兩年國中，只參加了一兩次考試，老師非常無奈，只是搖頭嘆息。

後來，在學校跟同學難以相處，因為體型稍胖，經常被同學說「肥婆」，在跟唯一的好朋友鬧翻之後，她以「老師講課太慢，還不如自己在家自習」為由，直接改成在家學習。老師因為她的病也對她特別照顧，基本上不記缺席，對她回校與否也很少關注。她便真的在家學習起來，甚至比班上一半以上的同學的成果還要好，不過，她大部分考試仍然是不去的，每到考試之前也必然發病，整個人昏沉沉，睡不醒，眼神呆滯，彷彿靈魂被抽走了一般。

她來見我的第一句話，也特別有意思：「我不覺得我考試有壓力，我覺得自己學得還不錯。」我看著她，微笑著說：「我沒有說妳學得不好啊。」接著，她便滔滔不絕地說起來家人對她如何好，如何寵溺她，強

調她從小到大，想要的東西幾乎沒有要不到的。她補充說：「即使父母當時不願意給我，我撒一下嬌，發一下脾氣，還是能得到的。」又舉例子：「尤其是媽媽，真的是把我當寶貝一樣，我長這麼大，從來沒有自己吹過頭髮，都是媽媽幫我吹，我到現在都還不會吹頭髮。」我望著眼前這個國二的學生，心想：原來她不會吹頭髮，接著繼續聽她講下去。她又證明給我聽，家裡另一個人也對她很好：「姊姊小時候覺得家人偏心，偶爾會欺負我，但是現在她長大了，懂事了，現在也很寵我。」是的，她有一個大她 10 歲的姊姊，跟父母一起，履行著對她的教育責任。

　　我滿心疑問，很少有孩子來到我這裡跟我講她家人對她如何好的，更多的是倒苦水，或者直接表達希望我去教教他們的父母。在孩子的觀念裡，治療師是可以作為幫手的。她完全不同，跟我一個陌生人講家人有多好，到底想表達什麼呢？

　　說到學校，卻完全是另一種口氣，異常憤怒，因為長得較胖，好幾個調皮的男孩子都叫她「肥婆」、「胖子」，幾乎忘了她的名字。她想了想，又說：「他們平時找我就是為了抄我的作業，叫我買東西給他們吃，他們都很現實。」又說：「我們班都沒幾個人是想讀書的，教室裡整天鬧哄哄的，我想讀都讀不進去。」又說：「老師也不怎麼管我們了，上完課就走，我趴著睡覺，一上午都不聽講，老師也不管。」接著，她補充了一個重要的資訊：「我隔一段時間會回一下學校，但是老師、同學好像沒看到我一樣，也不會問候我，老師也當我不存在一樣，照樣講她的課，我回不回班上，跟他們一點關係都沒有。」她分析的理由是：「可能老師覺得我的成績也普通，也不想管我了，只要我不給她找麻煩就行了。」我問：「老師不是怕管妳嗎？」她很驚訝，立刻否認：「怎麼可能，她怎麼怕我？」

　　她希望老師、同學是重視她、在意她的，只是，當他們將注意力放在她身上的時候，她又不知如何去面對這樣的在意。

Story 25　生病了，我就可以不上學

　　國一時，導師是國文老師，脾氣很壞，經常罵學生，但很看好這個孩子，就讓她當了小老師，去記不認真完成作業的同學名單。她老老實實地記了，交上去，這些同學少不了挨一頓臭罵，同學就埋怨她：「老師說什麼妳就聽什麼，她讓妳去死妳也去死嗎？」她心裡很委屈，不過也不會當著同學的面說，在同學面前她都很和氣，不說半點重話，也從不發脾氣，所有情緒都壓在心裡。加上她長得胖，經常有同學取笑她，她不知道怎麼應對，減肥又減不下來。某一次因為發病隔了一段時間再回到學校，發現同學們好像突然沒興趣再說她了，她突然找到了應對方法，並且屢試不爽。

　　來治療了兩三次之後，她認為完全好了，便中斷了治療。

　　在中斷治療約半年後，其母親再次聯絡我，反覆勸說才將她帶過來。她一坐下來便話不停口，幾乎不需要我問問題就自己滔滔不絕地說起來。她不觀察我的表情，一直低著頭玩沙子，說自己想到的話題。她說得最多的是自己這一年都很少去學校，每週最多去一兩天，但是成績出來在班上都是中上水準，同學都很佩服自己，但自己並不滿意，覺得自己的水準不只是這樣，希望考得更好。她跟我描述她在病中的狀態：整個人都是昏昏沉沉的，不知道自己說了什麼做了什麼，每到考試就會發病，至今只考過一次月考，當時也是發病，不太清醒，都不知道自己怎麼進教室的，怎麼做完的考試題目，但是成績出來還不錯。她覺得自己有天分，學東西比別人快，但就是懶，不想做練習題，看一下書覺得懂了就算了，很少寫作業，但老師也沒有意見。言下之意，如果她認真學，成績一定不得了。

　　有時候，她會突然帶著失落的語氣說：「班上大部分同學都是不太讀書的，特別是男同學，比女生的成績差很多，但他們除了成績不好，其他方面都很厲害，比如，很會哄抬氣氛、辦活動，打籃球也很厲害。而

我除了成績好一點之外沒有其他的優勢了。」所以，成績對她而言，是全部的自尊和信心的來源。

接著，她又補充道：「但是我真的不覺得考試有壓力呀。我很喜歡考試的。」我心想：妳當然感受不到壓力了，妳的身體幫你表達了，簡單直接，不用經過大腦神經去感受，因此，沒有焦慮和痛苦。而且，身體還直接癱倒，以至於「無法自理」，都這樣了，當然就無法考試了。不去考，就不會考差，就不會失敗，就能不斷告訴自己：我如果認真做，成績一定嚇死所有人。當然，我並沒有將這些話說出口，我明白這樣的防禦對於她的意義，她不去面對，她用生病這個殼把自己包裹起來，是迫不得已，也是沉迷而無法自拔。

很長時間裡，我總是不理解這些孩子，我也經常問他們：「打針吃藥不難過嗎？」「不擔心自己的病好不了嗎？」他們總是回答得很乾脆：「不會呀，也不怎麼難過。」或者應該解釋為這點痛苦，跟他們要面對的課業壓力和恐懼比起來，根本不值一提。他們藏在「生病」的殼裡，像寄居蟹保護自己柔軟的身體一樣，最多偶爾探出頭來看看外面的世界，便立刻警覺地縮回去，在確信外界足夠安全之前，牠們都會一直這樣躲下去。

然而，這並不是「裝病」，這是「心理需求的軀體化表達」，幫助他們用語言來表達自己的恐懼和無助是第一步，讓他們重建對周圍環境的信任，相信即使不生病身邊的人也能理解他們的情緒是關鍵。任何強硬的「指責」、「拆穿」都只會讓他們越來越往殼裡縮，最終適得其反。

所謂，心病還需心藥醫。

Story 26
我不能就在家裡學習嗎？

這個世界上，本來就沒有上了大學、交了女朋友，孩子就一定能成長這樣的道理，既有的應對模式會伴隨著每個人生階段，除非我們刻意去調整。孩子在家裡學習，即使成績優秀，也不代表問題徹底解決了。孩子適應團體生活的能力，勇於面對困難和挫折的能力，能夠離開家的能力，才是他適應社會的必備條件。

「為什麼我不能就在家裡學習呢？傳統教育問題那麼多，學校簡直就是扼殺個性和創造力的人間地獄，還有那麼多亂七八糟的事情占用我的時間。在家裡學習我可以自由支配自己的時間，把時間利用到最大化，還可以聽線上課，聽名人講座學，效率不是更高嗎？」

我們先不回答這些問題，先來看幾個案例。

我曾見過一個14歲正在讀國二的女孩子。她是在剛上國一時出現情緒問題的。國小升國中到了新學校，新學校校規嚴格，要求女同學頭髮不能過肩。從小到大，她都留著長髮，除了修剪髮尾，從來沒剪短過。入學時她不願意剪頭髮，被老師當眾訓話，並且對她說教：「學生不能把時間都花在外貌上，那麼長的頭髮，每天洗頭得花多少時間？學校的校規人人都遵守，就妳特別嗎？」一番說教下，她只能妥協，哭著剪了短髮。頭髮總會長長呀，每個月都要剪髮，於是，她每個月都會為自己的頭髮哭泣一場。這件事成為導火線，她開始表現出對學校的諸多不滿；

認為老師不講道理，認為同學自私，和同學幾乎不交流，大部分時間都是獨來獨往。她每天最盼望的事情就是放學回家，一回到家，心情立刻由陰轉晴，在學校受的所有委屈都有了安放的地方。她只要見到父母，就反覆提想轉學的事情，不斷跟父母，尤其是媽媽抱怨自己在學校有多辛苦，這個學校有多差，同學有多差，老師有多差，其實她就讀的是當地數一數二的國中，卻在她口中被罵得一文不值。

父母無奈，在她升國二時幫她辦理了轉學，把她轉到一所私立學校。但新學校要求住宿，她從未長時間離開過家，加上原本就有輕微潔癖，要讓她跟好幾個同學生活在一起，簡直是前所未有的挑戰。她在宿舍裡幾乎不跟人說話，在班級裡也不願與人往來，一直獨來獨往。從小到大，她都沒試過主動交朋友，國小時因為她成績很突出，有一兩個女孩子很佩服她，主動跟她交好，她就這麼還算平穩地度過了國小生涯。上國中之後，大家不在同一個班，慢慢也就疏遠了。國中兩個學校給她的第一印象都是挑戰，都是要改變她原來習慣的生活方式，因此，她從踏進校門的那一刻起，自己就築起了一道牆，寫著「生人勿近」，加上她平時心情低落，大部分時間都是板著臉，同學便更不敢接近她。每天她的固定安排就是尋找一切可能的機會打電話給媽媽，不斷哭訴：「在學校好難受。」「我吃不下飯，什麼都不想吃。」「我肚子好難受，經常莫名其妙地痛。」「我想回家，你們到底理不理解我，到底知不知道我有多痛苦，你們一點都不關心我！」……媽媽每天心驚膽顫，生怕接到她的電話。每次媽媽都在電話裡不停安慰孩子，有時候甚至跟著女兒一起哭。

見我的時候，她已經經過一番艱難的抗爭，讓父母允許自己在家裡學習，並且已經在家裡待了一個多月了。父母拿她沒辦法，硬拉也拉不進學校，束手無策，異常焦慮。

Story 26　我不能就在家裡學習嗎？

　　第一次見我的時候，她很特別地帶著課本來了，而且不是放在旁邊，是直接攤開放在腿上，意思很明顯：學習時間很寶貴，一分一秒我都要用來讀書。她在交談過程中不斷看手錶，滿臉的焦急，在她 10 分鐘內大概看了五六次手錶的時候，我終於忍不住了，問她：「妳有急事嗎？很趕時間嗎？」她還是一臉焦急地看著我，說：「我要把握時間學習，我覺得我沒有什麼問題，只是爸媽要求我來，我只能配合。」接著眨眨眼，望著我，等待著我的回應。不過，還沒等我說話，她又急著表達了她的觀點：「我可以在家裡學習，到時候一樣參加高中、大學考試，誰規定一定要在學校才能學習呢？」似乎確實也沒有法規規定一定要去學校上課，如果孩子和父母協商一致，也是可以申請在家自學。而且她經過各種抗爭，已經得到了父母的同意，這件事看起來真的與旁人無關了。我只能換個角度問她：「那妳在家裡看得進去書嗎？」她愣了一下，低下頭，沒什麼自信地答：「看得進去呀。」我看看她腿上翻看的書，從摺痕看起來，這一頁明顯已經暴露在光天化日下多時了。我沒有馬上質問她，只是問：「比在學校效率高嗎？」她含糊回答：「也不算效率更高。」說著，抬起頭，馬上切換了歡快的表情：「但是我在家裡開心很多呀。」

　　然而，據我所知，她在家裡既不開心，也無法好好讀書，大部分時間都是拿著手機，用看影片、打遊戲來打發時間，很多時候窩在沙發裡不動，就過了一天。她經常會莫名其妙地流眼淚，父母稍不順其意就會大發脾氣，摔東西出氣。每天早上，她都準時把書擺在書桌上，告訴父母今天要完成的任務，到晚上父母下班回來，書還是翻著那一頁，她還是一動不動地躺在沙發上。

　　除此之外，她明顯在刻意節食，每頓飯吃的東西都要計算卡路里。在家裡短短一個多月的時間，她已經瘦了好幾公斤，父母每天為了讓她

吃飯焦頭爛額。一邊是她堅決不吃，一邊是父母威逼利誘讓她一定要吃，家裡每天都要展開「吃飯大戰」。她不斷重複自己不焦慮、不著急，在家裡很好，比在學校好多了。但她從來不在白天出門，週末有同學約她也從來不出去，一聽到學校要考試就症狀加重，在家裡大哭大鬧。

父母不斷嘆氣：是不是當時不應該讓她回家？現在真的不知道該怎麼辦好。

還有另一個在高一的時候休學一年後復學的孩子。當時他是因為人際關係，無法跟同學順利相處，情緒低落，去醫院診斷了憂鬱症，名正言順地休學。一年之後尚算順利回到學校，一兩個月之後，他又遇到新的問題：進度跟不上，上課很多時候聽不懂。他每天找導師訴苦，是的，每天準時找導師，表達自己真的很想學，但真的讀不進去，自己也很痛苦。導師表達了充分的理解和支持，鼓勵他慢慢來，一步步適應。他又說，吃了抗憂鬱的藥很想睡，上課有時候真的撐不住想睡覺。導師也表示理解，對幾乎不做要求課堂他的紀律。漸漸地，他每天基本是從上學睡到放學，除了準時出現在教室裡，基本上什麼都沒學，只在晚自習的時候自學一下，稍微讀一點內容。這樣的狀況持續了一個多月之後，他覺得不行，不能繼續這樣下去，這樣就是浪費時間，浪費青春，他要好好調整，要找回學習的動力。

冥思苦想之後，他決定：請假一週，回家好好調整。一週後調整好了再回學校。

來見我的時候，他剛好在家裡已經調整完一週。我問他：「這一週都怎麼過的呢？」他不好意思地笑笑：「跟以為的不太一樣。」我看著他，點點頭，示意他繼續說，他接著說：「大部分時間我都在打遊戲，一打起遊戲來就控制不了時間，我甚至想過讓自己玩遊戲玩到膩為止，想著玩

Story 26　我不能就在家裡學習嗎？

膩了就能專心學習了。然而，遊戲好像總是有很大的吸引力。」我心裡想，這似乎是個意料之中的狀況。接著，他又說：「我想本來是要回家調整的，現在在家裡都學不好，那我在學校更不可能學好了，我覺得我要考慮再休學一年，用更多的時間來調整。」我提醒他：「你之前已經休學一年調整了。」他沒有正面回答我的問題，而是描繪了一個充滿希望的未來：「說不定我在家裡再待一段時間，哪天突然就想通了，就可以動力十足地回學校上學了。」說這話的時候他自己也忍不住笑了笑，不知道是因為覺得荒唐還是因為那樣的未來實在讓人欣喜。

他來見我的目的也很明確，他做了這樣的打算，希望獲得我的支持。我沒辦法給予他這樣的支持，能夠真正在家裡正常學習的孩子太少了。

我見過一個從高一就開始斷斷續續上學，高二、高三幾乎都在家裡度過，見我的時候正在一個還不錯的大學就讀的孩子。他這樣形容考上大學的幸運：「就學測前勉強學了一兩個月，都是靠國中和高一的底子考上的，加上真的運氣好，基本上我掌握的東西都考到了，這才上了一個還不錯的學校。」選科系的時候，他聽從父母的建議，選了當時熱門的資訊類專業，結果開學兩個月之後他就覺得讀不下去。一方面是太長時間沒有以正常的作息上學了，資訊類的課程大部分跟數學相關，特別費腦，他學得非常吃力，天天都在擔心考試不及格會被退學。另一方面，長這麼大，這是他第一次離家住宿，完全不知道怎麼跟室友相處，室友覺得好笑的話題他一點都不感興趣，大部分時間都是自己在玩遊戲。加上，家裡自由散漫的生活和學校各式各樣的規矩形成鮮明對比，他適應不了，只要待在學校就覺得胸悶，無比壓抑。於是，這個快20歲的大學生，每天的必修課也是不斷跟媽媽打電話，不停地訴苦，表達自己的擔

憂，表達待在學校的痛苦，要求請假回家，要求轉系。

媽媽哭著跟我說：「原本以為他考上大學了，也交到女朋友了，一切都能步入正軌了，他能跟其他孩子一樣回歸社會了，沒想到還會出現這樣的情況。」

這個世界上，原本就沒有上了大學、交了女朋友，孩子就一定能成長這樣的道理，既有的應對模式會伴隨著每個人生階段，除非我們刻意去調整。孩子在家裡學習，即使學習成績優秀，也不代表問題徹底解決了。孩子適應團體生活的能力，勇於面對困難和挫折的能力，能夠離開家的能力，才是他適應社會的必備條件。

翻開國小、國中、高中的時間安排表，學校恨不得連上廁所的時間也幫孩子安排好，讓孩子在規定的時間裡統一上廁所。不能給孩子空閒的時間，不然他們就會搗亂，不然他們就不認真學習。家庭教育更是如此，少子化趨勢下，家裡三四個大人盯著一個小孩，洗澡、吃飯、睡覺甚至上廁所都有人提醒，反覆催促。孩子不需要自我規劃，父母會幫他們安排好一切。

這樣的環境中成長出來的孩子，渴望自由，渴望能夠自我規劃和掌控，學校的各種規矩和約束，令他們深惡痛絕。家庭相比於學校是更寬鬆、更容易突破界限和規則的地方，他們認為撒撒嬌，鬧鬧脾氣，還是有成功的可能。

一旦回到家，每天有大把的時間可以隨意支配，一開始他們信心滿滿，安排各種計畫，卻完全禁不住誘惑，玩手機、吃東西、看電視……毫無成就感的一天便這樣過去了。退一萬步來說，即使勉強依靠補習和運氣僥倖上了大學，一個長時間不與社會接觸的孩子，真的能夠好好地適應社會嗎？

Story 27
我不想再為父母上學

「我不想為父母讀書。」據我所知,很多孩子在說出這句話的時候,並不是他已經下了決定,他是在迷茫,需要幫助,需要信任的人的引導。而父母若站在對立面,便會生生切斷彼此間的信任,讓孩子草率做決定的機率大大增加,或者就此自我放棄,無論哪一種,都不是我們想看到的結果。

為了父母、為了考好大學、為了賺錢、為了找一份好工作……這其實是我們大多數孩子一開始讀書的理由,無關對錯。孩子們或者一輩子相信這樣的觀點,不糾結,踏實地沿著腳下的路前進,這是一種人生;或是在某一天,因為某些原因,突然走到十字路口,開始迷茫和困惑,想要重新想清楚內心真正想走的方向。

孩子們迷茫和困惑的時候,其實是處在「危機」中,何去何從,都需要小心對待。走出來便迎來新的機遇和空間,走不出來,便可能消沉、自我懷疑。

這個高一的孩子找上我的時候,便是處於這樣的階段。

他很清楚自己的狀況:因為身高優勢,最喜歡的是打籃球,但離專業水準又差了不止一點;學習成績尚可,但從來沒有真正成為頂尖。他告訴我:「我就是為了父母去上學,從小到大都是。」在學校還算一個歡樂的地方,還有朋友聊天解悶的時候,他並不覺得去學校是一種壓力,

是一件痛苦的事。上高中之後,他在成績和人際關係上都接連受打擊,學校成了一個他很難勉強自己待下去的地方。他說:「我要想清楚我為什麼讀書,還要不要讀書。我不想再為了父母讀書,這是浪費時間,沒有任何意義。」

這個想法讓家裡一下子鬧翻天了。

我頓時覺有些不可思議,孩子有這樣的想法家長不是應該開心,或者至少是慶幸吧?證明孩子有了自己的想法,有了主見,要主動為自己的人生負責任,這不是一件好事嗎?我後來才明白,父母面對我這樣的想法,多半會回敬我這幾個字:「站著說話不腰痛。」

爸爸說:「你做什麼決定我都支持你,真的,你相信我。」孩子立刻毫不留情地回應:「你只是口頭上這麼說,心裡還是覺得只有讀書這一條出路,還是不停地想要說服我。」

媽媽一臉的不解和委屈:「明明是錯的,你為什麼還要堅持做呢?」孩子立刻跳起來反駁:「為什麼我做的決定就是錯的,妳就是不相信我!」

爸爸反覆強調:「我們教育程度不高,都是外地來大城市中工作的,沒有背景,沒有多餘的錢可以無條件地支持你,如果你放棄了讀書這條路,我們很怕未來什麼都幫不了你。」我突然比較理解了,對於普通家庭,孩子又是家中唯一後代的父母而言,在這樣的時候是多麼的糾結和矛盾:既想做開明的父母,支持孩子的決定,支持孩子去做更多的嘗試,去體會更豐富的人生,但作為岌岌可危的社會底層,自己對於人生選擇是沒有把握的,是如履薄冰的,無盡的焦慮和面對現實的無能為力,讓自己不得不拐彎抹角地好心規勸。

孩子在這樣的家庭中,自然會感染到對現實的焦慮,對未來的膽

Story 27　我不想再為父母上學

怕，然而他沒有切實地體會過現實的辛苦，希望走出父母的保護去體會自由呼吸的感覺，他也同樣的糾結和矛盾。

孩子終於站出來說：「我從來沒有說過不上學，我只是想想清楚自己到底為什麼去上學，如果你們一定要逼我，我可以去上學，繼續為了你們去上學。」在過去兩個月左右的時間裡，他都是這樣做的，迫於父母的壓力，為了父母不再總是嘮叨，他勉強自己去上學。每週可能去一兩天，便待不下去，以此證明給父母看：「不是我不去，是我真的待不下去了，真的去不了。」孩子反反覆覆，父母不斷在期待和失望之間冰火兩重天，情緒處於崩潰的邊緣。

這就是缺乏內在動力的典型表現：我就試試看，行就行，不行就不行。這就好比一個對女孩子並不是那麼感興趣，沒有結婚期待和動力的男青年，迫於年齡和父母的壓力，覺得對方也還不算討厭，於是就答應結婚。一旦婚姻中遇到任何的困難和挫折，他很難打起精神努力去解決。他不是指責，就是逃離，消極應對，最後證明給父母看：我都試過了，還是不行，你們不能怪我不聽你們的了。

不過，我們往往都只看到故事的開頭，看不到結尾，或者以為只要是「正確的決定」，就一定會有好的結果。卻不知道，永遠都只有相對好而已，更多地需要靠個人的努力和堅持，沒有一勞永逸。

孩子的思考也是一個折磨父母的過程，「你要想到什麼時候才能下定決心呢？課程越落越多，到時你越來越不願意回學校了怎麼辦？」

每一個選擇都有風險，為了不出現風險，我們寧願連機會也一併放棄。

是因為我們處在一個焦慮的時代嗎？是快速發展的時代帶來人的不安定嗎？回到以前那個年代，時間慢，人也沒有那麼焦慮會更好嗎？我

並不認同這樣的觀點。焦慮，可能是源於我們有更多的選擇，我們看到了更多的可能性，是去嘗試之前的恐懼和猶豫。現代社會中，有著數不清的職業和機會，充滿未知和可探索性。只是，越多的選擇意味著越多的不確定性，巨大的未知引發巨大的焦慮，也成為必然。

那麼問題來了，家長最迫切的願望便變成了：「怎麼才能讓孩子不那麼焦慮，讓他能快點想通，讓他下決定呢？」懸而未決，不確定的狀態總是讓人不安的，父母在這樣的時刻充分吸收了孩子的不安。手中多多少少握著一些資源，再加上過來人資歷的父母，在焦慮不安的煎熬下，會坐不住，拚命告誡自己要等待，要等孩子想清楚，然而嘴巴和腿總是不聽使喚：嘴巴忍不住開口勸解，腿忍不住忙碌起來，到處奔走，幫助孩子找後路，打聽消息，找關係。做點什麼總是比什麼都不做，看起來更讓人心安，實際有沒有在前進不重要，只要感覺在前進，父母就願意付出時間和精力。

我們不習慣處理情緒，更習慣處理事情。

家長們明明焦慮得整夜失眠，卻仍覺得沒關係，孩子的情緒平穩是最重要的，讓孩子做心理輔導掏錢是爽快的。家長們明知道自己內心也充滿著煎熬，卻寧願花錢去旅遊，去「買買買」，去做更多不理智的決定，也很難接受要為安撫情緒去花時間。

在我長時間的家族治療經驗中，常見的父母應對情緒的方式不外乎兩種：硬撐和轉移注意力。硬撐是不管發生多大的事，內心已經翻天覆地了，外表依然平靜如水，拚命告訴自己不能倒下。因為社會分工的差異，這樣的處理情緒的方式在男性中更為常見。轉移注意力便是靠著如運動、找人聊天、找人喝酒等可以獲得短暫放鬆的方式。憑藉著強大的忍耐力和韌性，父母們不斷應對著各式各樣超負荷的壓力，不管是硬撐

Story 27　我不想再為父母上學

還是轉移注意力,情緒仍然在,晚上仍然會失眠,工作仍然可能出錯。

讓解決問題的速度超過情緒產生的速度,相信這樣就能相安無事,這在心理學上叫做「行動化」(Acting out),可以簡單地理解為腿永遠跑在心的前面,我們感覺不到難受,因為問題解決了,因為做好決定了。這樣的家長不會讓懸在半空的不確定狀態持續太久,那樣會讓他們時時感覺快要崩潰。因為那時,負面情緒就有機會冒出來,而對於情緒,很多家長向來是束手無策的,無論是自己的情緒還是孩子的情緒。

這並不是我第一次在文章中呼籲家長們要關注自身情緒。相比於其他問題,拒學是一個足以引爆整個家庭的重大事件,孩子身邊的每個同齡人似乎都在此時輕鬆地超過了自家孩子,由此引發的父母的焦慮,是超過任何其他情緒心理問題的。孩子能上學,好像日子還能過,學齡的孩子突然天天在家無所事事,從早到晚都在家裡頹廢地抱著手機,無聊而空虛,這種時時存在於眼前的情緒來源,讓父母們想不焦慮都難。

若是孩子明明好好的,再突然來一句:「我要想清楚自己到底為什麼而讀書」,父母第一反應很可能是想一巴掌甩過去:「讀書還要想嗎?讀書不是應該做的事情嗎?想什麼想,整天沒事找事做!」當然,並不是沒有家長這麼做過,甚至更激烈的行為都有過。把孩子的想法打回去,也是解決方法之一,至少可以暫時都相安無事。當然,也可能就此打斷了孩子嘗試尋找自我,嘗試獨立的路,多少有些遺憾。

或者,在我們做出是非對錯的判斷之前,是否也可以先覺察一下自身的情緒,評估一下自己目前做出的判斷是不是在一個理性客觀的前提下,是否確實有認真地站在孩子的角度去思考和理解,他們說出的話,是不是真的那麼大逆不道?

「我不想為父母讀書。」據我所知,很多孩子在說出這句話的時候,

並不是他已經下了決定，他是在迷茫，需要幫助，需要信任的人的引導。而父母若站在對立面，便會生生切斷彼此間的信任，讓孩子草率做決定的機率大大增加，或者就此自我放棄，無論哪一種，都不是我們想看到的結果。

　　停下來，看一看，想一想，聽一聽，或許，現實並沒有那麼糟，「我要想清楚到底為什麼讀書」，也沒有那麼可怕。

Story 28
我的腦子想上學，我的肚子不想上學

　　每當孩子拒學，很多父母會著急地問我：「他為什麼會拒學呢？難道不知道上學有多重要嗎？真是急死我了。」聽到這句話時，我發現它可以用來解釋至少一半的拒學原因。小女孩是肚子不想上學，因為一上學就會肚子痛；小男孩可能是胸口不想上學，因為一上學就會胸悶；大男孩可能是副交感神經系統不想上學，因為上學面對人多的地方就會渾身冒冷汗，緊張不已；大女孩可能是「孤單的心」不想上學，因為一旦回到學校，就自己孤單一人，形單影隻，怪異而突兀；還有孩子是眼睛不想上學，因為一看到努力認真的同學們，就害怕自己會落後，會考不好⋯⋯

　　「我的腦子想上學，我的肚子不想上學。」這是一個 8 歲多，剛上三年級的小女孩跟我說的話。

　　我被這句話徹底驚豔了，如此貼切、生動，充滿小孩的童真，輕而易舉地將潛意識、內心需求等複雜的心理學概念呈現出來。孩子果然是對自己內心世界最了解的人。

　　是的，他們了解，但是困擾其中，動彈不得。

　　每當孩子拒學，很多父母會著急地問我：「他為什麼會拒學呢？難道不知道上學有多重要嗎？真是急死我了。」聽到這句話時，我發現它可以用來解釋至少一半的拒學原因。小女孩是肚子不想上學，因為一上學就會肚子痛；小男孩可能是胸口不想上學，因為一上學就會胸悶；大男孩

可能是副交感神經系統不想上學，因為上學面對人多的地方就會渾身冒冷汗，緊張不已；大女孩可能是「孤單的心」不想上學，因為一旦回到學校，就自己孤單一人，形單影隻，怪異而突兀；還有孩子是眼睛不想上學，因為一看到努力認真的同學們，就害怕自己會落後，會考不好……

但請相信，他們的腦子都是想上學的。小女孩跟我生動地講述了這個過程。

「我的肚子和大腦總是打架，腦子想讓肚子去上學，但是肚子不願意，而且最近都是肚子打贏。」「怎麼打贏呢？」「只要一到學校就會肚子痛，我經常因為肚子痛在廁所一蹲就是大半節課。」「不難受，腿不麻嗎？」「腿麻，也痠，但是我坐在教室裡更難受。現在我缺課太多，都跟不上老師的進度了。」「不能讓妳的大腦管管肚子，讓它不要經常痛嗎？」「沒辦法，我覺得最近肚子越來越強大，腦子越來越弱了，我記憶力越來越不好了，經常剛背的課文第二天就忘記了。我經常肚子痛，你別看我現在看起來很正常，其實肚子也是不舒服的。」我恍然大悟，原來肚子是這樣打敗腦子的。

然而，剛跟我滔滔不絕地講述完腦子的不好用，她心血來潮想擺沙盤，說要擺「熱帶雨林」，並且有條不紊地跟我陳述：熱帶雨林有各種植物，還有很多顏色很特別的樹木，它們高低不一樣，有低矮的灌木，有高大的喬木……她一邊介紹，一邊尋找合適的植物擺在沙盤上，因為沙具植物不夠多，她還一直念著：「這個植物太稀疏了，不夠密，不夠密……」她坐下來看了看，又說：「熱帶雨林雨量充沛。」想了一下，找了一個「閃電」沙具放在中間，這才比較滿意了。特別宣告，這裡寫到的所有地理的專業術語都是她的原話，並無加工潤飾。我驚訝一個三年級的孩子能把地理知識背得那麼熟悉，這怎麼能說是記性不好了呢？

Story 28　我的腦子想上學，我的肚子不想上學

　　我於是嘗試做一點點回饋和引導：「我看妳這些知識記得很清楚啊，記憶力很好呀。」她愣了一下，馬上改口說：「我剛剛說的什麼我都忘了，不記得了，真的。」我無奈地笑笑：「好吧。」

　　接著，她又想起了什麼似的，興高采烈地站到我的對面，興奮地對我說：「我覺得其他所有知識都跑出我的腦子了，除了地理知識。你知道為什麼嗎？」沒等我回答，她就自顧自地說：「因為我媽媽是地理老師。」她臉上充滿驕傲，彷彿地理老師是全天下最光榮的職業，地理知識是全世界最值得學習、掌握、運用的知識。

　　我才明白，那些熟練記憶的術語裡，包括的是對媽媽的愛。我也才知道，大腦不是不管用，只是屈從了肚子的需求，或者說是她內心的需求，變得不管用，變得笨拙起來。這是一個心理過程，與大腦實際的運作無關。

　　這個女孩的爸爸一直在外地工作，媽媽是地理老師也是導師，平時主要是外婆帶她，只有在她肚子莫名其妙地疼痛難忍的這兩個月裡，媽媽才開始盡可能抽時間陪伴她，照顧她的飲食起居，週末或者平時有空都帶她出去玩，上班的空檔也會打電話來詢問她在家的情況。以前的她活潑、開朗、懂事，媽媽一直覺得完全不用操心。她開始嘗試向媽媽描述自己理想中的家庭的樣子：「爸爸不要再去外地，回來跟我們住在一起，每天大家一起出門，爸媽上班，我上學。我放學回到家，媽媽在家裡做飯，爸爸陪我玩，陪我寫作業，吃完飯一家人一起看電視。睡覺前，爸爸或者媽媽會講故事給我聽。」媽媽跟我轉述孩子的這個想法時，表情很複雜：「孩子以前從來不說要我們陪。」

　　當然，除此之外，課業難度增加也是拒學的原因之一，如她所說：「上了三年級，功課越來越難了，我覺得有點吃力。」於是，大腦和肚子

一商量，愉快地達成了這場「合謀」，她痛苦卻又甘之如飴地執行著這個結果。

她絕不是裝病，痛是真痛，滿足也是真滿足。

孩子一拒學，家長第一反應一定是說教：大談特談上學的重要性，以及不上學之後的嚴重後果，對未來前途的影響。焦慮的家長會反覆說這樣的話：「你現在還是國沒畢業，不上學怎麼辦？將來就是國小學歷，你能找到什麼好工作？我們都不是什麼有成就、有背景的家庭出身，將來不可能靠關係幫你找工作，能給大筆的錢隨便你去創業，將來你怎麼辦？怎麼養活自己？你有沒有想過？不要以為學歷那麼不重要，學歷很重要，現在你什麼都不懂，遇到一點挫折就放棄，以為外面的世界很精彩，告訴你，外面的世界很殘酷的，比你想像中的殘酷得多……」這個爸爸一直說著，我不知道他要講到什麼時候才打算結束，我看了一眼旁邊打算國中沒讀完就休學的兒子，拿著手機，百無聊賴地上下滑著。我問這個男孩：「你是有什麼急事要處理嗎？」他倒回答得很坦誠：「沒有啊，就是隨便看看。」見我疑惑地望著他，他無奈地說：「這些話我都能背了。」

我見過一個爸爸非常用心地一連寫了三封信給孩子，每一封都字斟句酌，仔細推敲，還拿給妻子看，一起商量。他自己說：「我是把自己內心的想法都寫在信裡了，平時想表達不能表達的內容也都寫在裡面了，真的是想跟孩子好好溝通。」媽媽補充說：「他真的花了很多心思，每封信都寫得很認真，而且全是手寫。」我聽得很感動，這個年代，願意靜下心來寫信的人，的確是稀有動物。於是，滿懷期待地問孩子：「看了嗎？感動嗎？有回信嗎？」這個已經上高中的女孩完全不領情：「看了，也就那樣。」我有些失望，甚至隱約覺得這孩子有些冷血，女孩沉默良久，幽幽地補充說：「因為他寫的都是平時跟我說的那些大道理，只是把它們

Story 28　我的腦子想上學，我的肚子不想上學

闡述得更詳細，更有邏輯而已，並不是想跟我溝通。」接著，轉過頭無表情地望著爸爸：「我不是三歲小孩了，這些道理我都懂！」爸爸仍然一臉疑惑，欲言又止。

我知道，他想表達的是大多數家長共同的困惑：「既然你都懂，為什麼不去上學呢？」這像是一個世界悖論，讓所有拒學孩子的家長百思不得其解。

套用上面那個小女孩的話，便很好理解，腦子懂了，但是肚子不懂啊。說得深奧一點便是：意識懂了，潛意識不懂啊。

跟肚子是沒辦法講道理的，越講它越不爽，越痛。

肚子喜歡聽的語言是什麼呢？這是我一直在思考的問題。

首先，當然是要先聽懂肚子的話，要了解肚子的心聲。按照前面小女孩的說法，大腦此時已經完全繳械投降，現在完全是肚子的天下，當然是誰做主就得找誰說話。話說回來，為何肚子會有如此的反抗，要跟大腦搶地盤，當然也是大腦平時對肚子的需求和感受過度壓抑的後果，一旦有一天能翻身做主人，肯定是要盡情「鬧事」，讓整個身體都不得安寧。繼續把「肚子」狠狠地教育一番，讓它知難而退，在敵我如此懸殊的前提下，幾乎是不可能的，要知道，肚子在此時可是占據著絕對優勢的。正確的做法是，拿出十二分的誠意，讓「肚子」相信你發自內心地想幫助它，解決它的需求，一切合作，信任都是前提。要時刻謹記，此刻的我們，除了合作，絕無他法，切忌又用不恰當的語言把合作關係變成敵我關係。

接著，就要靜下心來慢慢聽它講，聽它表達它的訴求，談判不都是如此嗎？雙方亮出條件，再評估哪些條件能夠答應，哪些條件要修改、調整。比如，那個小女孩的肚子最基本的訴求應該有兩個：一是媽媽多

一些陪伴；二是想逃避面對學習的困難和壓力。第一個父母權衡之後覺得之前的確是太少陪伴孩子，讓孩子太少感受到家庭溫暖了，應當調整、改進。至於課業壓力，可能就需要斟酌了，除了逃避，是不是還有其他辦法呢？需不需要父母和老師的幫助呢？是不是父母對孩子要求太高了呀？這些問題需要進一步討論、協商。

最後，還要留意大腦在這個過程中功能缺失的問題。大腦似乎被肚子徹底打敗了，幾乎完全失去信心和理智了，對於自己的能力也沒有了恰當的判斷，把自己看得太弱了。我們也需處理大腦的問題，但不是教育它學習、讀書的重要性，而是要讓它看到自己的優勢，厲害的地方，及時肯定自己，增強信心。畢竟意識和潛意識本來就是平等的，大家都有話語權，都有決定權，大腦不能無條件地放棄自己的權力，無底線地退讓。

大腦和肚子，也可能是胸口，或者是副交感神經系統握手言和，「大家」在此過程中學會互相尊重，做決定、做事情之前詢問彼此的意見，商量決定。既不過度壓抑內心需求，也不完全放縱本能、忽視社會規則和要求，在此之間找到一個平衡。

此乃解決之道。

Story 29
一輩子待在家裡不行嗎？

　　他們，應該就是成年「啃老族」的前身了，不過，他們並不喜歡這個稱呼，這些孩子會反覆跟我解釋：「只是去學校太難受了，我實在受不了，所以才想待在家裡，這有什麼不對嗎？」「我不是要啃老，我現在都還沒成年，父母原本就有養我的義務。」

　　他們，應該就是成年「啃老族」的前身了，不過，他們並不喜歡這個稱呼，這些孩子會反覆跟我解釋：「只是去學校太難受了，我實在受不了，所以才想待在家裡，這有什麼不對嗎？」「我不是要啃老，我現在都還沒成年，父母原本就有養我的義務。」

　　他們說得頭頭是道，理直氣壯。

　　父母一旦有不同意見，他們便會使出殺手鐧：「你們根本就不理解我，根本不知道我有多痛苦，你們一點都不在意我。」父母稍有不慎，便會認同他們的想法，手足無措中，順了他們的心願。可不要小看這小小的妥協，青春期是孩子各個方面發展的關鍵時期，如果在此時父母允許他們遇到任何困難都可以選擇回家，回到父母溫暖的懷抱，期待他們長大之後會改變，這樣的想法最終可能會變成肥皂泡泡般虛幻而不實際。

　　這個小來訪者是找了好幾個心理治療師，最後才來到我這裡的。特別的是，並不是她自己不願再去，而是治療師跟她一輪交手之後，焦慮漸漸上升，觸發內心的不安和挫敗，進而直接表達無法幫助她。她便這

樣，幾經轉手之後來到了我這裡。

她正讀國三，看到我靦腆地笑笑，挺直著腰背坐在椅子上，滔滔不絕地開始講。講什麼？講她的各種症狀。顯然她對於這些已經講過無數次，講起來語言流暢，邏輯清晰，一個症狀接著一個症狀，生怕時間不夠而沒有將自己的症狀全部說完。不需要信任關係建立過程，她百分之百地坦誠，熱情地說，她只怕對方不夠了解她的症狀，完全不擔心對自己的形象是否會造成影響。治療時間是一個小時，如果不打斷，她可以不停地說一個小時，細聽下來，內容是在不斷重複的，她會用不同的論據來證明自己的情況到底有多嚴重。每一次，她的結語都是：「醫生，你說我該怎麼辦？」每次都是如此，我於是明白了她的期待：我負責把症狀告訴你，你負責幫我解決。所以，她每次來之前都將自己的問題「打包」好，並且反覆檢查是否有問題或缺漏，確認無誤之後，便仔細地帶過來，一個一個地拿起來，展示給我看，介紹給我聽，一邊不時停下來確認：「你明白了嗎？」「聽懂了嗎？」「完全理解我的痛苦了嗎？」在她看來，這是她的全部任務。毫無疑問的，她出色地完成了這些任務。她滿意地回顧自己闡述的整個過程，揚起天真的臉，期待地望著我：問題你都清楚了，趕快幫我解決吧。

如果幾次之後她覺得問題還沒有被解決，就會帶著失望和憤怒開始攻擊：「我覺得心理治療根本沒用。」「我很認真地配合了，但沒有效果。」「我覺得心理治療很貴，但是沒什麼用，我平時都很節省的，很少亂花錢。」幾番攻擊下來，治療師抵擋不了，承認是自己能力不夠，便將她轉介給其他人。如此兜兜轉轉一年多，她的症狀幾乎沒有絲毫改善。

當然，症狀沒好，她也就名正言順地無法上學。一年多時間，她不斷接受各種治療，父母十分焦慮，她也漸漸沉迷於自己症狀嚴重的自我認識中，表現得越來越痛苦。

Story 29　一輩子待在家裡不行嗎？

講了這麼多，她究竟是什麼嚴重的問題，能弄得許多治療師都束手無策呢？仔仔細細地聽了一圈下來，她的主要問題其實是社交恐懼，尤其是對異性。這也算是青春期孩子常見的狀況，只是猛然聽下來，會以為她全身都是問題，她被所有的問題困擾，寸步難行，什麼都做不了。她把問題拆開來講述，羅列各種證據，比如，她在人群中怕什麼？怕有人覺得她臭、腳臭、出汗臭、放屁臭；害怕異性，怕什麼？怕跟對方說話，怕跟對方眼神接觸，怕對方看出自己很緊張，諸如此類，不一而足。

既然面對人如此痛苦，那該怎麼辦？不出門，不上學。只要不出門，不上學，她的情緒便異常穩定，天天都很開心：看著電視，吃著零食，吹著空調，悠悠哉哉地度過每一天。不過，這樣的好時光在媽媽下班回來的時候就會結束。每一天媽媽上班前，會為她安排要完成的任務，也嘗試給幫她報名各種才藝班，讓她自己去上課，試圖充實她每一天的生活。然而，每天她都帶著忐忑和痛苦，跟媽媽交代說什麼都沒做。媽媽一般會發一頓脾氣，罵她一頓，帶著失望和沮喪，除此之外，也無他法。

在此過程中父母多次嘗試讓她重新回到學校，每次她都答應會好好的，到該上學的時候便反悔了，想盡一切辦法「耍賴」。有一次去了學校半天，為了讓學校相信自己真的上不了學，她找到導師，找到學務主任，最後找到校長，跟他們每個人表達自己在學校有多難受，自己真的無法上學，自己是被父母逼來上學的，在學校的每一分鐘都很煎熬⋯⋯聲淚俱下，老師們都被她說服了，找到父母來談，表達學校希望學生是自己願意來學習的，如果是被逼無奈，學習效果肯定不好，還可能會造成心理傷害。父母無奈，只能將她接回家。還有一次，她答應好要去上

學，到了那一天，她自己跑出去，在社區裡找了一個角落，躲了一整天，父母急得差點報警，結果到了放學時間，她自己背著書包回家了。

她不斷哭喊：「我那麼難受，你們還要我上學，為什麼我不能待在家裡？你們對我這麼狠心。」「你們就是不理解我，完全不知道我的痛苦，只會不停地逼我。」有時候，媽媽也會跟她一起哭。全家都籠罩在悲傷、失望的氛圍中。

對她而言，真正理解她就是幫她解決所有的問題，就是讓她舒舒服服地待在家裡，不要讓她去面對任何的痛苦。這是她對父母的期待，也是她對我的期待。

自己一個人在家裡太無聊，沒人陪自己玩怎麼辦？她從一兩年前便多次要求父母再生一個弟弟或妹妹，母親年齡大了，且身體不允許，一次子宮外孕之後，醫生建議不要再懷孕。但她不死心，不斷提起這件事情，一說起來就哭，不斷重複說哪個朋友都有弟弟妹妹，為什麼自己不能有，他們都有弟弟妹妹陪，為什麼自己不可以？哭得梨花帶雨，十分可憐，父母面露難色，滿臉愧疚。

經過一段時間的交流，她不斷把「問題包袱」丟過來，我堅持還給她，如此無數個回合之後，父母終於看清楚她的模式，堅定地相信繼續順著她的模式只會害了她，會讓她繼續上不了學，之後可能會一輩子待在家裡。父母開始嘗試轉換方式，不再什麼問題都幫她解決，不再認為等她全部症狀都沒有了才能去上學，並且在生活中盡可能讓她積極嘗試，肯定她做得好的地方，增加她的信心。當然，這並不是一個容易的過程，每當我們肯定她的進步，她便毫不客氣地說：「哪裡好？我做得一點都不好，我什麼都做不好。」這充分展現了一個道理：你堅持真誠地誇獎一個人，他慢慢一定會多少接受一些的。這個女孩便是如此，慢慢

Story 29　一輩子待在家裡不行嗎？

地，她雖不能欣然接受，但至少不再反駁。

幾個月之後，她終於重新回到了學校，父母非常欣慰，不時跟我回饋她進步很大，交到了朋友，成績一直在班上名列前茅。有意思的是，她還是會每隔一段時間便要求來見我一次。每次見到我就一臉苦相：「醫生，我在學校還是好辛苦啊，還是好緊張，好難受。」接著又如數家珍地羅列我早已耳熟能詳的症狀：害怕自己身上有臭味，不敢看別人的眼睛，害怕跟異性打交道。我耐心地聽完，接著問她：「那妳想怎麼辦呢？」她快速地回答：「我想回家，待在家裡就輕鬆了，就什麼事都沒有了。」我接著問：「待在家裡做什麼呢？」她也坦誠地回答，如孩子般天真，完全不介意我的看法：「看電視，吃零食。」於是，我知道，一種行為模式的改變確實不是那麼容易的一件事，會時時想著要走回頭路，走自己熟悉、舒適的那條路，會抱著僥倖心理：萬一成功了呢？

不過，在我問出這些問題，她回答之後，她自己大概也意識到了什麼。立刻陷入自我否定中：「可是我做不到，我什麼都做不到。」我看著她，堅定地告訴她：「不，妳做得到，只要妳願意嘗試，我相信妳的能力。」她並沒有因為聽到這樣的話而振奮精神，幹勁十足，只是稍有些羞澀地笑笑。我已經習慣了她這樣的反應，並未覺得失望。

這注定是一場持久戰。

如上面這個案例中的父母，他們都是具有極大犧牲精神的父母，寧願自己吃苦，也要讓孩子過優越的生活，孩子一說自己「難受」，父母，特別是媽媽就「跟著掉眼淚」。父母有軟肋，孩子當然會想盡辦法緊緊抓住。

要放手，要把孩子推向社會，說起來容易，真正實行起來卻有各式各樣的阻力和考驗。穿過重重「不忍」和「不知所措」，我們聰明的父母

們，是否堅定地知道孩子應該長大，應該走向外面更廣闊的世界，還是你希望一直做他的羽翼，為他遮風擋雨，害怕他受任何一點委屈呢？

　　認真地回答這個問題，或許有助於解決一部分孩子拒學背後的獨特原因。

Story 30
我有過動症,我不想上學

在有過動症這個醫學診斷之前,我們的印象是每個班都有幾個調皮搗蛋,特別不服從管教的孩子,整天跟老師作對,上課坐不住,學習成績普通。同學疏遠他們,老師搖頭嘆息,家長只能接受他們不是學習的料,任其自生自滅。隨著醫學的進步,終於有人為這群孩子正名,確認他們不是故意如此,他們只是「病了」,行為不完全受自己控制。這讓我們可以有一個途徑和理由去接納與理解這群孩子,只是這樣的確認背後,似乎引發著新的擔憂和危機。

過動症,全名為注意力不足過動症(ADHD),是兒童期常見的一類心理障礙。表現為與年齡和發育程度不相稱的注意力不集中和專注時間短暫、活動過度活躍和衝動,常伴有學習困難、品行障礙和適應不良。國內外調查發現患病率3%～7%,男女比例為4～9:1。

在有過動症這個醫學診斷之前,我們的印象是每個班都有幾個調皮搗蛋,特別不服從管教的孩子,整天跟老師作對,上課坐不住,學習成績普通。同學疏遠他們,老師搖頭嘆息,家長只能接受他們不是學習的料,任其自生自滅。隨著醫學的進步,終於有人為這群孩子正名,確認他們不是故意如此,他們只是「病了」,行為不完全受自己控制。這讓我們可以有一個途徑和理由去接納與理解這群孩子,只是這樣的確認背後,似乎引發著新的擔憂和危機。

這個男孩當年 11 歲。從國小一年級開始他就因為寫作業經常挨罵、挨打。從一年級開始，他寫作業就一定要爸爸全程陪著，即便如此，也經常要寫到晚上 12 點多，他寫沒多久便不自覺地發呆、恍神，一個橡皮擦可以玩半個小時，總覺得椅子上好像有釘子，想走來走去。家裡經常因為他寫作業鬧得雞飛狗跳。

儘管如此，他在國小三年級之前成績都相對不錯，這是一個聰明的孩子，雖然並不順利，好在他勉強完成了這幾年的學習。

弟弟比他小 7 歲，在他上一年級時出生。他來找我的時候常常提到弟弟，說弟弟很煩，總是在家裡吵。因為弟弟的喉嚨很敏感，不能大哭大喊，不然就很容易發炎。爸爸媽媽為了讓弟弟不需要經常去醫院打點滴，便不斷跟他講道理，叫他要讓著弟弟，不要惹弟弟哭。他對此很憤怒，但又無可奈何。

從三年級下學期開始，課程裡加入了英語，這是一個需要很多抄寫和背誦的科目，要知道，這是他最不擅長的。長時間安靜地抄寫，會讓他很抓狂。其他科目的難度也逐漸增加，隨便應付一下的學習方式無法再保證成績及格。因為坐不住，他經常在教室裡隨意走動，常跟同學講話，時常被同學嘲笑，成績不斷下滑。在家裡，父母還經常因此爭吵，他常處在焦慮無助中。

父母在要求他寫作業的時候，他一哭起來就無法停止，不管在什麼場合都無法控制，喜歡摔東西甚至打自己的頭。還總是往外衝，喊叫著要出去，父母拉都拉不住。無法管教他的父母將他帶去看醫生，醫生診斷他患有過動症和憂鬱症的。

從此之後，他便開始幾乎不寫作業，看到作業就煩，老師和家人怕刺激他，也不敢嚴加管教。後來他變本加厲，開始在課堂上睡覺，經常

Story 30　我有過動症，我不想上學

說胸悶、頭痛，老師沒辦法，只能讓家人把他接回家。他最大的愛好就是回家「吸貓」和玩遊戲。但他並不開心，大部分時間仍然覺得煩，總是說無聊。他說他想和正常的孩子一樣，讓大家正常對待自己，但他馬上又否定：「但我做不到認真讀書。」

除了不斷提各種要求，家人一不滿足他就大哭大鬧之外，他做什麼都沒有信心。他覺得父母對他很失望，嫌棄他，反正他們有弟弟，自己走了也不會捨不得。所以他不斷哭喊，是為了測試一下家人。全家人都疲於應付他的脾氣，家庭氣氛十分緊張。爸爸每次看見他都不住嘆氣，滿臉的失望。

有特殊症狀的孩子，是一定上不了學嗎？

爸爸說：「孩子的確診，對於我們夫婦也是解脫。」老師建議父母讓孩子轉去特教班，轉去特教班後老師不會再像現在這樣逼孩子讀書，或是要求父母管教孩子，不會再提醒父母孩子的成績很差，拖了班級後腿。所有的壓力好像迎刃而解了。

我問爸爸：「你真的想好就這麼放棄孩子嗎？」爸爸眉頭皺得嚇人：「我也不想，但我也沒辦法啊。」接著解釋：「他有這個病，他自己也控制不了。」是的，這是另外一個失誤，因為孩子被診斷為過動症，就把孩子徹底當成病人來看待，為他所有的不當行為找到一個合理的解釋。久而久之，孩子也認同了周圍人對他的這個看法，越來越自暴自棄。

我告訴爸爸：「他是一個特殊的孩子，他可能不能像其他孩子一樣學得那麼好，但一定可以比現在學得要好很多，他有這個能力。」爸爸沉默良久，沒有回應。

之後，爸爸忍住壓力，跟孩子做了一次深談，談了學習的重要性，以及同學不怎麼理他的原因。爸爸每天陪他寫作業，盡可能耐心地教導

他、鼓勵他；也跟老師進行了溝通，讓老師更了解孩子，盡量一視同仁地對待孩子。這個男孩竟然慢慢能完成大部分的作業，能堅持每天去上學。

再見他的時候，他完全一改之前的頹喪，臉上有了笑容，開心地跟我說：「現在跟同學關係很好，大家都願意跟我玩，老師也時常稱讚我。」我回應他：「那很不錯呀，你怎麼做到的呢？這麼棒。」他不好意思地笑笑，繼續擺弄著手中的沙具。

原來，過動症的孩子，同樣需要認同感。

我在網路上看到很多過動症家長無助、失望的留言：

孩子有注意力缺陷，坐不住，心智比同齡孩子幼稚至少兩年，不服從管教，對大人管教特別反感，壞習慣多、字難看，大人如何糾正都聽不進……外人看到覺得很沒家教。國小階段大人每天盯著，每天教他寫作業，他像木偶一樣在對抗中寫完，這中間辛酸無法言喻，成績也才中等。國中後家長也沒那個能力了，看著他每天的行為真的很累，想放棄讓他自生自滅，養到18歲丟給社會教育。

每次去接孩子，都有一堆小朋友圍著我告狀，說我家小孩又打他們，上課又搗亂了，每當這個時候，我真恨不得有個地洞可以鑽進去。

有一個家長的分享讓我特別感動。

一年前的某天，我接到導師的簡訊：「××媽媽，請來學校一下，你孩子的學習狀態已經沒法正常上課了。」看到這樣的簡訊我真是很崩潰，之前老師多次表示孩子有點注意力不集中，上課喜歡神遊，不能跟著老師的思路走，我也經常和孩子說要認真上課，想著大了會好點，沒想到嚴重到這樣的程度了。

猶豫再三，我決定辭職回家全職帶孩子，輔導他學習。很快到了期末考試，他的成績只是勉強及格，雖然這個分數很低，但是，對於一個

Story 30　我有過動症，我不想上學

這樣的孩子，我還是從中看到了一線曙光，每天周而復始的陪伴學習和培養習慣開始有效果了。有個方法，我覺得對於提高孩子課堂注意力有很好的效果，在這裡寫出來，希望能有其他家長看到。我每天都和孩子一起預習第二天要學習的課程，然後找出一個知識點，假裝好像看不懂的樣子求助孩子，讓他第二天認真上課，然後回家教我。這個知識點不僅是語文、數學、英語，有時候也是音樂、體育、理化等其他科目。裝要裝得像一點，向他抱怨：「你現在的書怎麼這麼難啊，我小時候都沒學過這麼難的，老師要我教你，但我自己這個問題都看不懂，怎麼辦啊？我們是不是沒救了？」這招效果滿好的，這小子果然上當了，第一次很認真地聽了回來告訴我：「媽媽妳真是笨蛋，這個題目是這樣的……」我就裝成恍然大悟的樣子：「原來是這樣，多虧你教我了，我再和你一起預習明天的課程，看看和我之前上學時候有什麼不同。」如此循環往復，屢試不爽。

再見到老師的時候，老師的態度變得非常和藹，和我討論了許多孩子的學習方法，也給了我很多好的建議，接著還說：「不要讓孩子覺得自己和其他同學有什麼不同，我還是會按照和其他同學一樣的要求來要求他。」老師的這番話讓我非常感動，後來老師確實也給了孩子更多關注。

春天來了，我回家全職帶小孩快一年了，送完他上學，回家收拾上學期的課本，看著他現在的成績單，雖然未達到全A，但是已經比去年進步了很多，再這樣努力下去，很快就能和其他孩子一樣優秀了。

這一年，為了能讓孩子繼續上學（之前老師已經讓我們陪讀，要不然就讀不下去了），看到孩子在這一年的顯著進步，經歷各種心酸、各種委屈現在證明也是值得的。我將整個心路歷程記錄下來，讓大家正視這樣的孩子，及時糾正，也許能像我家孩子一樣回歸正常軌道。

「正視」一詞，用在此處特別恰當，所謂「正視」，表達的既不是對孩子的狀況視而不見，盲目安慰自己說孩子長大了就好了，也不是過度焦

慮，徹底把孩子保護起來，以一個「病人」的標籤總結孩子的全部狀況，什麼都不敢要求，完全不抱希望。兩種極端都不是正視。真正的正視是在聽從專家建議的前提下，客觀評估孩子的症狀情況，跟孩子一起制定合適的目標，共同努力。家長有了正視和面對的勇氣，孩子才有改變的可能。

很少有過動症孩子是完全無法上學的，只是他們需要更多的引導和訓練，包括行為和情緒管理的訓練。這是一個艱難而容易受打擊的過程，會有無數次的挫敗，讓家長們千百次想要放棄。我並不想在這裡以一個旁觀者的角度，站在道德的制高點去批判有放棄想法的家長是不負責任的。毋庸置疑，過程的確很難，家長需要更多地去理解和支持孩子，運用專業的方法看到孩子的改變，以及由此帶來的希望。

此文，也是想更多地為這樣的家長們，帶來希望，帶來堅持的勇氣。

Story 31
無法超越的父母，上不了的學

我們總是容易抱著這樣的期待甚至是要求，比如，名人的後代應該「青出於藍而勝於藍」；比如，老師的孩子應該比普通的孩子成績更好、品行更優；比如，高學歷的父母，孩子至少能讀到研究所……這些看似理所當然的要求，其實蘊含著無聲的壓力。

孩子應該超越父母，這彷彿天經地義。

優秀的父母，一定能教出特別優秀的孩子嗎？

我們總是容易抱著這樣的期待甚至是要求，比如，名人的後代應該「青出於藍而勝於藍」；比如，老師的孩子應該比普通的孩子成績更好、品行更優；比如，高學歷的父母，孩子至少能讀到研究所……這些看似理所當然的要求，其實蘊含著無聲的壓力。

孩子應該超越父母，這彷彿天經地義。

我見這個孩子的時候她正上國二，在國二上學期的4月分，她感染「流感」，在家裡休息了一週。一週之後，流感痊癒，但她出現了新的症狀，早晨起來反覆說頭暈，又說上學時會渾身發熱、肚子痛，無法集中注意力聽課，經常因為身體不適請假早退。她的情緒也變得比較暴躁，經常因為小事發火，對家人大吼大叫，要知道，她以前是典型的「乖乖女」，幾乎不會違逆父母任何的要求。好在很快到了7月，放暑假了，說來也神奇，一放假回到家，她全部的症狀都無藥自癒了，每天都過得很

開心，好像之前在學校受的苦不曾存在過一般。只是好景不常，國慶連假後，上學對她來說變得越來越艱難。她曾經有一個星期照常出門去上學，結果並沒有去學校，而是躲在自家的樓梯間裡，就這麼躲了一天。她的情緒問題也加重，反覆說活著沒意義。

她遊戲打得很好，在遊戲裡收了好幾個徒弟，在遊戲裡也認識了很多人，大家都很關心她，她有什麼心事也更願意跟遊戲裡認識的朋友說，玩遊戲的時候很開心，什麼煩惱都會忘記。在虛擬世界裡，她好像找到了現實世界中缺失的某些東西。

第二次，她繪聲繪影地講述了她上國小時，班上一個女生家裡非常富裕，女孩子長得漂亮，成績又很好，大家都喜歡她，眼裡滿是羨慕。接著，她嘆了口氣說：「從幼稚園開始，我認識的人都非常優秀，我在他們之間，就像醜小鴨。」我問她：「身邊這麼多優秀的人，會有壓力嗎？」她似乎沒有聽見，談論著其他的話題，繼續介紹那些優秀的同齡人。

互動了好長一段時間之後，她才告訴我，最主要的壓力是來自父母。「我爸媽都是名牌大學畢業，現在也有一定的社會地位，從小跟我一起玩的孩子，他們的爸媽都是非富即貴的。」然後她艱難地吐出幾個字：「要超越他們很難。」父母一直對她期望很高，還會拿她跟很多個「別人家的孩子」比較，她不想讓他們失望，但是落下的課程越來越多，她壓力非常大。我問她：「這部分壓力妳爸媽知道嗎？」她帶著些憤怒：「他們根本就不相信我，我媽只會說我裝病，爸爸就會找各種關係去跟學校溝通，他們怎麼會關心我怎麼想！」我有點意外，她的憤怒幾乎是在一瞬間爆發出來的，我當時閃過一絲念頭：除了對父母的憤怒，是否也有對自己無能的憤怒呢？

她否認了這一點：「我只希望能過自己想過的生活，哪怕做一個普普

Story 31　無法超越的父母，上不了的學

通通的人，但他們總是天天逼著我讀書。」「那妳能完全不在意父母的期待嗎？」她沒有回答。

孩子不爭氣，家長丟臉，這個亙古不變的邏輯困擾著所有家長：無論事業多成功，為社會做出多少貢獻，只要孩子不成才，就會認為是人生失敗。孩子是父母的一部分，是父母的延伸，我們不會將孩子當作獨立的個體來看待，不允許他們「不肖」。

下面這個案例是我見過最震撼的案例，每每回想起來都無限唏噓。

這個孩子是在國外讀大學的時候出現狀況，不得不回國治療的。他會聽到一個很清晰的聲音，這個聲音告訴他自己是超人、刀槍不入，於是他會用刀劃傷手臂來驗證。這個聲音還神祕地告訴他一個一級機密，說他是被選中要為科學研究「獻身」的人，因為他的體質特殊，天生注定不平凡。於是，每一天當他感覺到這個科學獻身的召喚時，他就直接拿刀劃自己的肚子。

我第一次見到他的時候，他顯得非常熱情主動，而且彬彬有禮，看得出家教很好。他會積極地跟我說他的生活，談他都去過哪些國家，談他的興趣愛好，說他比較宅，最大的興趣就是打遊戲，會花很多錢買裝備，提升等級，這樣就能戰勝很多人。他帶著滿足的口氣說：「我喜歡那種戰勝所有人的快感。」他從小就對新的東西感興趣，對於做實驗這些也很好奇，但是覺得要長時間做一個研究太辛苦太枯燥了，知道自己並不適合做科學研究。他信仰科學，希望為科學獻身，哪怕因此獻出自己的生命也在所不惜。

他並不迴避談論他的家庭，很自然地說：「我身為長子，是讓整個家庭都失望的，我也對自己很失望。」不只是父母，他整個家族的長輩都有非常高的成就。他反問我：「你知道什麼是非常高嗎？可不是簡單地當

個官,做個醫生什麼的,都是各個領域有建樹的人。」我點點頭,表示能夠想像。「父親更是著名的學者。」是的,他是用的「父親」而不是「爸爸」,以示莊重。他的理想是成為能被後世銘記的人物,因此,他必須成為某一行業中的頂尖。從小父母對他的期望非常高,參加各種訓練班,成績只要稍微考差一點,父母的臉上都會明顯地寫著失望。他從小就沒有朋友,對自己也很少有滿意的時候。他對自己分析得很透澈:「我希望成功,但無法接受獲得成功之前長時間寂寞地努力,我喜歡時刻成為焦點的感覺。」遺憾的是,現實世界給他更多的是挫敗和打擊。他努力地討好每一個人,對每一個朋友幾乎都有求必應,無論是借錢還是幫忙,不管他多累多煩,他都一一答應,只是不知為何這些朋友都會離他而去。即使好不容易考出國,應付國外的課程也讓他很吃力,他找不到自己的優勢。

當現實生活中得不到渴求的認可的時候,他便選擇向幻想的世界中去尋找。

父母總是透過各式各樣的關係,輾轉為他找各式各樣最好的醫生,他不停地輾轉在各家大醫院,各個門診之間,沒有長久配合的醫生,也沒有真正信任的醫生。如此,症狀幾乎未見好轉。

我還接觸過一個上高二的女孩,她為了不上學,在宿舍喝清潔劑。她的媽媽是名校畢業的,理工科出身,理性且在意細節,平時習慣指出女孩做得不恰當的地方,比如,東西沒放好,答題不仔細,這個不懂,那個不知道。女孩對媽媽很崇拜,認為媽媽說得都對,她掛在嘴邊的口頭禪是:「她是那麼厲害的學校畢業的,肯定說什麼都是對的。」她從小成績優異,會考卻沒能考入理想的高中。勉強來到現在的高中後,她一直心有不甘,覺得同學的程度都比不上自己,立志要在班上穩居第一。

Story 31　無法超越的父母，上不了的學

但事與願違，上高中之後，她的成績一直很不穩定。她一直看不起班上的同學，認為跟她完全不在同一水準上，也不大樂於跟他們相處，班級的活動也幾乎不參加，漸漸地在班上愈加特立獨行，幾乎沒有朋友。她整天無精打采，做什麼事情都沒有動力，經常一個人在宿舍哭，經常失眠，她甚至自己去找過心理諮商，但家人對這些一無所知。高二開學的時候，上述狀況加重，她上課的時候經常發呆，聽課聽不進去，試了各種方法都無法集中注意力，成績不斷退步，每到考試，就緊張到整個人發抖。自我評價非常負面，覺得自己什麼都比不上別人，在同學面前抬不起頭，在班級中待不下去，大家看自己的眼神都怪怪的……幾經掙扎之下，大概在休學前一個星期，她一次性喝了100毫升的清潔劑。100毫升，看得出來，她下了很大的決心，清潔劑的味道應該很難下嚥。這件事驚動學校，老師通知家長後將她送去醫院洗胃，此時家人才知道她的問題真的嚴重了。

媽媽的態度是180度大轉彎。按她的說法是：「媽媽現在什麼事都會問我的意見，很關心我的想法，什麼事情都會跟我商量。以前完全不是這樣，她會因為很多小事否定我，甚至在公共場合都會罵我。」說完低下頭：「我一直覺得我媽是嫌棄我的，她讀的大學那麼好，我卻這麼笨。」

她媽媽對她的想法一無所知。媽媽後來說：「我是理組的，一直非常理性，我的婚姻不幸福，我想盡最大的可能讓小孩生活得好，也希望孩子能夠出人頭地。」說完，看著我，帶著疑惑地問：「這不是每個家長最基本的心願嗎？」她也解釋了為什麼總是責備孩子這沒做好那沒做好：她認為那不是責備，是在教她的孩子要怎樣做好事情。她每天回來都很累，她沒有多餘的時間跟小孩談心聊天，但又覺得自己有教養義務，便只能用最簡單粗暴的方式，不斷指出孩子的錯誤，希望孩子不停改進。

我想，無比能幹的父母，會更習慣於以自己的能力為標準來要求孩子，認為自己能夠做到的程度，孩子只要態度端正、認真努力也肯定能做到，卻忽視了應該蹲下來，站在孩子的角度去看問題。

　　無法超越的父母，樹立的是一個理所當然，卻又在現實中無法達成的標準；而另一部分人生志向沒得到完全實現的父母，為孩子樹立目標，參考的是自己「理想化自我」的標準，同樣難以實現。孩子，在華人世界的歷史中，一直被視為家族的延續，父母生命的延伸，很少作為一個單獨的個體被看見。你是否真的客觀評價過孩子的能力，是否可以試著設立一個孩子能夠實現，能夠獲得成就感和認同感的目標呢？

　　孩子人生的使命，不是超越父母，而應當是：成為他自己。

Story 32
校園霸凌與拒學有關嗎？

有的學校教育缺乏對人尊重的教育，更強調競爭，強調成績；家庭教育對於被霸凌十分忌諱，隱隱覺得被欺負是「懦弱」、「無能」的表現，往往一罵了事。很少有人去思考，就如家庭暴力是無論任何情境下都是錯誤的一樣，無論被霸凌的孩子是什麼樣子，霸凌行為本身就是錯誤，是需要嚴厲指正的。

校園霸凌並不是一個新話題，我卻想嘗試以一個新的角度來解讀這件事。

在校園中，凡是與眾不同、在世俗的眼光中又不那麼搶眼的特點，比如，胖、長得沒那麼好看，比如，成績不好，都不能被同伴接納、尊重，擁有這些特點的孩子，都注定會被歧視、排擠、欺負。似乎沒有人覺得這樣有任何不妥，甚至是老師，也對這樣的學生嗤之以鼻，更有甚者，老師會號召同學不要跟某個同學交朋友，以免被帶壞。

家庭暴力分冷暴力和熱暴力，校園霸凌也是如此。突然拒學的孩子，較大比例是與校園霸凌有關。

有一個11歲的男孩，就讀國小六年級。家長跟我說他沉迷手機遊戲，在寫作業時手機不離身，以前晚上10點手機交還給家長，現在要玩到深夜12點。後來孩子完全不願去上學，脾氣變得暴躁，不滿足其要求就大吼大叫。孩子在家只玩手機遊戲，不看書，不出門，不與人溝通。

後來孩子漸漸連刷牙、洗澡都要父母督促，整個人異常懶散，除了手機，對什麼都提不起興趣。

男孩回饋給我的是完全不同的資訊：父母覺得他沉迷遊戲，不願意上學，天天在家，說都是遊戲害了他。其實他是因為在學校被同學欺負、被老師罵，作業也很多，經常要做到很晚，所以無法正常上學。但是在學校的狀況他沒有跟老師和父母說過，因為老師管不了，父母知道了也只會罵他，不會幫他。

他舉了個例子，有一次自己新買的手錶被同學弄壞了，對方也沒有真誠道地歉，就是反覆辯解說不是故意的，自己很生氣，但又不知道該怎麼處理。考慮了很久終於鼓起勇氣告訴了父母，想讓他們幫助自己，或者教自己如何處理比較好。結果父母剛聽到新買的手錶就弄壞了，自己後面的話還沒說完，就不分青紅皂白地罵自己：「敗家子！以為父母的錢是天上掉下來的嗎？一點都不懂事！也不把專心在讀書上，天天東搞西搞⋯⋯」他被罵傻了，這跟自己預期中的完全不一樣，自己並沒有錯啊，為什麼要罵自己呢？心愛的手錶被弄壞了自己也很難受，莫名其妙地被罵一頓更是委屈。備受打擊之後，在學校但凡有「壞事」，自己都不敢輕易告訴家長，擔心被罵。

現在他對於上學仍然很害怕，不知道怎麼辦，但又知道不得不去。

有一次做家族治療，孩子的爸爸以工作太忙為由沒有出席，媽媽一坐下來便開始控訴孩子：「從六年級開始就老是玩手機，經常一邊看手機一邊寫作業，越來越無心學習，這樣下去不行，才上六年級就這樣，以後怎麼辦？不管成績好不好，都一定要努力才行，不努力，自暴自棄，誰都幫不了你！」孩子一直一言不發，焦慮的媽媽沒有停下來的意思，我問孩子：「能說一下你的想法嗎？」他低著頭，小聲說：「沒有動力讀書。」頓

Story 32　校園霸凌與拒學有關嗎？

了頓，他稍微抬起眼瞄了一眼媽媽，發現媽媽不知是看在治療師的面子上還是真的想知道他內心的想法，總之沒有立刻變臉，便稍微安下心一點，嚥了嚥口水，接著說：「我就只有一年級時成績還可以，後來越來越跟不上，努力也沒用，還是學不好。」媽媽想鼓勵孩子，便趕緊說道：「沒有啊，你認真的時候成績有進步。」孩子無奈地搖搖頭：「那有什麼用，同學還是看不起我，笑我笨。」接著，他聲音低沉，滿懷決心卻又無比沮喪地說：「只有考到 100 分，同學才不會嘲笑我。」說著眼淚已經順著臉頰流下來。一旁的媽媽驚訝地睜大了眼睛，她從未想過，平時不言不語的孩子，背後竟然有這樣的委屈和悲傷。媽媽忍著眼淚，安慰孩子。

很少有孩子在遭遇校園霸凌後會直接告訴父母，大多是默默忍受，或者自己想辦法解決，當然，大部分時候，處理的效果並不好。

一個 7 歲的孩子，來找我的時候剛上一年級不久。她對於上學一直很抗拒，總是需要家人反覆督促。一年級下學期快期末的時候，孩子因為感冒發燒，在家休息了幾天之後，便怎麼都不願意再去上學，一下子莫名其妙地哭，過一下又玩得很開心，她寸步不離地要跟著媽媽，生怕媽媽離開自己。媽媽對於孩子的情況很自責，說自己脾氣很暴躁，曾經有產後憂鬱，面對孩子總是忍不住發脾氣，很凶地罵孩子，罵完自己就發洩了，心裡就舒服很多，但是沒想到會對孩子造成影響。

孩子在鼓勵下跟我一起進入沙盤室。她很喜歡沙盤，自顧自地玩起來，很快便放開了。她將沙具加上所有的動物都拿下來，放在沙子上，不斷地埋了，掏出來，再埋，反反覆覆，很認真地做著這件事，一言不發，看不出特別的表情。埋了一陣，發現架子上有個籠子，立即興奮起來，將全部動物都放進籠子裡，關起來，放在沙子上，過了一下子，又拿起來，放在手裡，用力搖晃它們，努力想再塞幾個進去。我於是嘗試

問她：「為什麼要把它們關起來呢？是喜歡它們還是討厭它們呢？」她不抬頭，小聲回答：「討厭它們。」我接著問：「為什麼呢？」她想了想，說：「因為它們是大壞蛋。」說完，又繼續關它們。我試探地問：「妳喜歡去上學嗎？」她搖搖頭，帶著委屈的語氣說：「在學校有人打我。」說完，再次埋那些動物，不答話了。

再次過來的時候，她仍然沒有去學校，不過可以去上鋼琴課了。情緒仍然很煩躁，她忙碌地從沙具架上拿各種沙具，不斷地往沙盤裡新增，在我看起來，幾乎沒有任何規律，只是把眼前看得見的都放進沙盤裡，擺放也很混亂，沒有明確的含義。擺到後面，她不耐煩起來，將全部的沙具都埋起來，仍然不主動說話。我嘗試問她：「在學校是什麼人打妳呢？」她低著頭不看我，答道：「是幾個男孩子，會故意伸腳踢我。」接著，給我看她腿上留下的瘀青。我並不能確認那幾個男孩子只是想跟她玩不小心弄傷她，還是故意踢她的，但這樣一個長得很可愛的女孩子，在學校應該是受同學歡迎的。我便嘗試鼓勵她：「妳有還手嗎？」她小聲說：「沒有，我不敢。」說完，又低著頭，不再說話。我幫她表達出內心的恐懼：「怕還手他們打得更厲害嗎？」我繼續幫她想辦法：「那告訴老師呢？」她無奈地搖搖頭：「老師罵了他們，過幾天他們還是打我。」我也有些無奈：「那讓妳媽媽幫妳。」她頭低得更低了：「不能告訴媽媽，她會罵我的。」

做完這次治療，她便自己回去上學了，期末考試成績不錯，開心地跟我分享。

一個男孩子因為在學校比較內向，很少說話，成績不好而被同學欺負。同學故意把他的東西藏起來，把他的書本丟到地上，在他撿的時候再踢他一腳，有時也會動手打他，因為好玩，把他的東西在教室裡拋來

Story 32　校園霸凌與拒學有關嗎？

拋去。全班同學看著他哄堂大笑。

更讓我驚訝的是他的老師的態度，老師認為不能讓孩子覺得被欺負就有道理，要讓他反思自己的問題。比如，同學們是因為他有時候碎碎念，影響到其他同學聽課，才對他有意見；因為他太內向、沉默，沒有跟同學搞好關係，同學才不待見他；他還不愛乾淨，同學當然不喜歡他。當然，讓老師最氣憤的是，每次他被同學欺負之後，就只會哭，老師怎麼問他都一句話不說，讓他寫他也不寫，根本無法溝通。老師言下之意是，被欺負更應該反思的是自己，不要總想著讓班上的同學來照顧、遷就自己。這一番看似有理有據的言論，卻讓我不寒而慄。

確實，這樣的孩子會在班級中顯得格格不入，會讓大家有種「不欺負你欺負誰？」的感覺。然而，身為教育者的老師，不就是為了讓這樣的孩子在進入殘酷的社會現實之前，學會依靠自己的力量去應對嗎？那些以欺負其他同學來取樂的孩子，不是正應該學著如何尊重同學，如何同理他人的感受嗎？這些都是他們成長中的必修課，而如果將整個過程都完全合理化，那改變又如何能發生？被欺負的孩子又如何能感受到來自他人的關心和溫暖呢？

當然，持有這種觀點的老師肯定是少數，面對校園霸凌，老師更多的是無奈：前一分鐘剛懲罰了霸凌者，轉頭沒多久，被欺負的孩子就受到變本加厲的報復，防不勝防。被霸凌的孩子在這個過程不斷累積憤怒、無助，霸凌者在此過程中獲得凌駕於他人之上的優越感，沒有一種是有利於孩子成長的。

學校中缺少這樣的專門的教育課程，家庭中也缺乏這樣的引導和示範，事情發生後，不是代替孩子解決，就是將問題全部拋給孩子，無濟於事。

有的孩子會因為各式各樣的原因在學校被孤立,由此造成的心理壓力,並不比表面上的霸凌來得弱。

有一個14歲的女孩,從小成長的家庭裡沒有規則,只要孩子說的就是對的,造就了她唯我獨尊,完全不會換位思考的性格。因此,國小一年級開始,她便在學校被人排擠,所有同學都莫名其妙地不理她。她不知道為什麼,告訴了父母,父母以為只是孩子玩鬧,沒有重視,對她說:「妳管好自己的學習,成績好了,別人自然會跟妳玩。」她心裡很失望,父母根本不理解自己,便沒有再提過這件事。為了不繼續被排擠,她選擇完全迎合他人的方式。別人說她不笑沒有表情的時候看起來像生氣,她便不時微笑,好讓自己顯得有親和力。不僅如此,她還主動跟排擠她的人示好,努力跟對方假裝熱絡,國小後面幾年,兩人居然成了朋友。

這種討好對方的方式,一直持續到國中,漸漸成為她與人相處的習慣。一邊在家裡享受體貼入微的遷就和照顧,一邊在學校裡小心翼翼地討好他人,她像在冰火兩重天裡,糾結搖擺。學習一直是她最主要的支撐。然而,到了國中,課業變難,成績一落千丈,熬到國二,她再也堅持不下去,堅決要休學。

遭遇校園霸凌的孩子,一方面是不敢反抗,沒有應對人際衝突的技巧和方法;另一方面是孤立無援,沒人可以求助,自己的應對方式往往極端而狹隘,由此造成巨大的心理負擔。

家長對於校園霸凌的普遍應對方式展現在以下言語表達中:「你自己想想為什麼別人只欺負你,不欺負別人呢?」「你做好自己,不要惹別人就行了。」「你去告訴老師,讓老師管教他們。」家長不出面,不承擔責任,也不與孩子共同討論解決方法。也有另一個極端,父母直接衝到

Story 32　校園霸凌與拒學有關嗎？

學校，教訓其他同學，警告對方：「你敢再欺負我的孩子，看我怎麼收拾你。」看似行之有效的方式，其實會讓孩子覺得自己只能靠家長，對自己的能力沒有信心。同學會進一步嘲笑他：「你是家裡的小寶貝，我們不敢得罪你。」由此可能造成孩子被孤立。

有些學校教育缺乏對人尊重的教育，更強調競爭，強調成績；家庭教育對於被霸凌諱莫如深，隱隱覺得被欺負是「懦弱」、「無能」的表現，往往一罵了事。很少有人去思考，就如家庭暴力是無論任何情境下都是錯誤的一樣，無論被霸凌的孩子是什麼樣子，霸凌行為本身就是錯誤，是需要嚴厲指正的。

若是要等到孩子因為被霸凌而害怕上學的時候才意識到問題的嚴重性，可能悔之晚矣。

Story 33
拒學，是全家人的逃避嗎？

「出來混，遲早是要還的。」父母沒有完成的成長課程，子女可能會裹足不前，也可能需要花更大的力氣來拋棄父母原有的行為模式，重建自己的行為系統。這個過程艱險重重，稍有不慎就可能滑回原來的軌道，也可能隨時因為遇到困難而放棄。

孩子一旦拒學，父母最常見的歸因是什麼？「逃避，他就是逃避！」「遇到困難就逃避，他一直都是這樣！」「我就說他是逃避，但是逃避解決不了問題，他自己要明白這個道理。」即使接觸過許多拒學的孩子，我也不得不承認「知子莫若父（母）」，父母的確會在某些方面更了解孩子。

不過，沿著這條線走下去，我很快發現另一個很有意思的現象，拒學，可不只是孩子一個人的逃避。換句話說，逃避不是天生的，而是某種經由學習、模仿而來的習慣性處理方式。

我見過一個很有意思的家庭，孩子在休學的近一年時間裡，去各地做過心理治療數十次，成效不彰，父母秉持「不拋棄，不放棄」的態度，繼續帶著孩子各處求醫，最終來到了我的治療室。初次做家族治療，爸爸便拿著筆記本，上面密密麻麻地記錄孩子目前的主要問題。這個12歲，原本應該讀國一的孩子，看起來問題不少，爸爸一條條往下念，氣息平穩，邏輯清楚，當然讀的時候語氣是略帶沉重的。孩子跟爸爸一起坐在長沙發上，似聽非聽，不反駁，也不認同，也不生氣，顯然他已經

Story 33　拒學，是全家人的逃避嗎？

很習慣父母對他的這些評價了。媽媽自己一個人坐在旁邊，眉頭緊鎖，大氣都不敢出的樣子。

這個家庭之前的模式是爸爸長期在外地工作，孩子與爺爺、奶奶和媽媽一起生活。父母談到孩子的國小升國中考試，發生在大約一年前，也是孩子情況變化的主要導火線。國小升國中前，焦慮的媽媽為了孩子能夠考上知名的私立國中，帶著他全天無休地補習，最終孩子不負所望，接到了明星學校的錄取通知書。接著，媽媽又擔心孩子上國中之後會跟不上，替孩子報名了先修班，孩子也偶爾抱怨有點累，壓力有點大，但仍然乖乖去上了。媽媽講道：「他從來沒有上過先修班，班上其他同學是一直有在上相關課程的，雖然他是很聰明，但漸漸跟不上，很多題也不懂。」孩子突然滿眼憤怒，惡狠狠地看了媽媽一眼，突然開門要出去。他接著走到隔壁治療室關門待在裡面，一言不發。父母過去叫的時候他情緒激動，在裡面大喊：「滾，你們都給我滾！」是的，是直接說「滾」，沒有其他解釋說明。

過一下子他自己回來治療室，氣鼓鼓地坐在位置上，一言不發。接著他命令母親給他手機，說他要玩手機，不想說話。母親不同意，沒有給，他便站起來，強行搶母親手中的手機，被父親制止後他再次走出治療室，父親追出去後他對父親大聲喊叫：「滾！不要管我！」這一次他直接跑出了大門，助理好不容易將其追了回來。再次回到治療室後他情緒激動，不停捶牆壁，拔冷氣插頭，踢桌子，還試圖往樓下丟東西，父母嘗試制止，完全無效。整個過程沒有任何徵兆，也不說任何原因，一家人在治療室裡快亂成一鍋粥，媽媽一直在哭，爸爸在嘆氣，我有些擔心治療可能需要臨時暫停。氣氛壓抑得讓人喘不過氣來。

我嘗試鼓勵孩子，有什麼原因說出來，不然我們都不知道是怎麼回

事。沒想到，他立刻開始激動地哭，說：「哪壺不開提哪壺，我說過不准說，不准說我補習的事情。」接著，憤怒而凶狠地命令母親：「以後都不能再說這件事，知不知道？！」爾後，他做了一個讓我驚訝不已的動作，他像一個打架的小混混對待自己的手下敗將一般，用手抬起母親的下巴，看著母親的臉，一字一頓地說：「聽──到──沒──有！不准──再說！」母親哭得更傷心了，紙巾根本擦不乾眼淚，站起來想抱著兒子，並依從說：「好，好，以後都不說。」孩子才不再怒吼。我問媽媽：「妳真的做得到嗎？」媽媽躲開我的視線，沒有回答。

孩子提出要提前結束治療，父母再次猶豫，我表達說時間沒到，因為時間是事先約定好的，需要遵守約定。他只好坐下來，接著說：「反正我不會再說話，你們談吧，到時間我就走。」

我試圖詢問父母是什麼原因導致孩子會突然有如此大的反應，父母突然面露難色，欲言又止，小聲說：「不知道能不能當著孩子的面談這些。」果然，父母這句話剛說完，孩子就再次自己走到外面的治療室，擺弄各種東西，並且弄出很大的聲音，自己不停地大喊。我知道勸他回來沒用，便一直將家庭治療室的門開著，並且在他再次回來的時候表示歡迎。或許是這個舉動有了效果，又或者是賣我的面子，接下來的談話過程他沒有再發脾氣。我才知道，在這一年左右的時間中，全家人都不敢在孩子面前提起國小升國中的事情，就是怕刺激他，偶爾不小心提到，孩子就在家裡大吵大鬧，家裡的人都小心翼翼地迴避著這件事。這件事成了全家人默契的集體迴避。還有一個是「上學」二字，不能說，不能提，不能問。在這一年多的時間裡，包括爺爺奶奶、外公外婆在內的所有人，都假裝這個孩子是應該待在家裡的，是合情合理的，即使每個人都心知肚明，他才12歲，他必須上學。

Story 33　拒學，是全家人的逃避嗎？

　　我驚訝於這一家人的忍耐力，更難以置信他們的逃避能力，竟然能當作事情不存在一年多。

　　這對夫妻的相處方式也很特別，結婚十多年的時間裡，他們前半段是跟妻子父母一起生活，後半段是跟先生父母一起生活，並不是因為經濟的原因，他們的收入要買房子是輕而易舉的。他們的說法是：「出來自己住要處理的事情太多，太麻煩了。」目前，他們跟孩子的爺爺奶奶一起住，媽媽對爺爺奶奶比較有意見，討厭爺爺奶奶總是指責她教不好孩子，又覺得自己總是家裡的外人。遺憾的是，丈夫從來不會站在妻子這一邊。爸爸的理由很充分：「我們全家人住在父母家，什麼家事都不做，飯來張口、衣來伸手，有什麼事情也都是爸媽幫忙處理，接送孩子上補習班等都一手搞定，怎麼好對父母提意見？」我乍一聽，倒也覺得合情合理。而且爸爸有個優勢，長期都在外地，大部分時間都不用面對家裡煩人的、讓自己左右為難的關係，這是名正言順的逃避。所以，兩地奔波多年，爸爸從未試圖將工作調回到妻兒所在的城市。

　　丈夫父母對兒媳的意見同樣不少，覺得兒媳沒教好孫子，也不幫忙做家事，不過他們也不對兒媳明說，認為直接說兒媳不太好。爸爸就成為傳聲筒，要負責傳遞老人家的意見，要妻子多做家事，多教教孩子。

　　孩子就忍不住了，說：「你們有意見怎麼不當面說呢？你不說出來別人怎麼知道呢？」媽媽便說：「你還小不懂，這些話不好直接說，一說就會吵架的。」孩子馬上便說：「下次妳去跟爺爺奶奶說，他們如果跟妳吵，妳就叫我來主持公道。」爸爸就說：「你這麼小，主持什麼公道？」孩子說：「那你不說，只有我來說，總得有人站出來說話吧？」

　　一個多小時的時間裡，我彷彿看見這個家庭，包括他們上一輩的家庭，有一個代代相傳的「寶貝」，他們傳承著這個「寶貝」，依靠這個「寶

貝」來解決所有可能具有威脅的家庭問題，表面相安無事地過著每一天的生活，假裝什麼問題都沒有，幸福而快樂。

孩子的逃避心態究竟是從何而來呢？似乎在我們指責孩子「你就是逃避，你遇到事情就只會逃避」的時候，很少去思考這個問題。

我還見過一個國中三年級的拒學女孩。她倒是非常坦誠，第一次見我就明確地說：「我知道自己現在是在逃避，我們全家人遇到問題都是逃避，我自己也是這樣。」

她告訴我，上國二時她出現較明顯的情緒問題，經常一睡覺就睡很多天。她解釋：「這就是我的逃避的方式。」她勉強上到國三，就再也堅持不下去，國三上了幾週的課就直接休學在家。她跟家人的關係很緊張，特別是爸爸。談到爸爸的時候，她彷彿在談論一個仇人，她用「強勢、懦弱、粗暴，只會用拳頭解決問題」等描述來形容自己的爸爸。在她小時候，爸爸經常打她，也打過媽媽，她會盡力保護弟弟，雖然心裡也很害怕。媽媽會嘗試保護她和弟弟，但大部分時間是徒勞的。

因為跟家人相處不好，休學在家的時間裡，她會「合理地」安排自己的睡眠時間，只要父母在，她都處於睡眠狀態，只有爸媽去上班了，聽到關門的聲音，她會反射動作似地自然醒來。她幫自己做很大一碗飯配上菜，吃得飽飽的——這是她這一天中唯一的一頓飯。她享受著父母都不在家裡的自由時光，沒有人管她，沒有人催促她去上學，沒有人跟她爭吵。她做著所有她喜歡做的事情，在她自己的世界裡自得其樂，不去考慮同學在為會考打拚，而自己在悠閒地虛度光陰，不管未來在何方，只安心地享受著無人打擾的片刻安寧。國三下學期，她基本都是這樣過來的，父母打也打了，罵也罵了，也苦口婆心地勸告了，全都無濟於事。

Story 33　拒學，是全家人的逃避嗎？

　　這是屬於她的逃避。「家裡其他人都是怎麼逃避的呢？」我曾問她。

　　爸爸曾經是職業軍人，但轉業之後境遇一般，事業發展一直不順利，就把怨氣轉移到家裡，要維護自己在家裡的絕對權威，不容許任何人忤逆他。她心裡不服氣，有時候反駁他，就會招來一頓打罵。媽媽原本是因為崇拜爸爸，希望找一個能保護她的人，沒想到這個人卻對她動手，但她也沒有反抗。經常說的一句話就是：「既然都已經這樣了，那也只能接受。」「可能這就是命，我只能認命。」爸爸打女孩的時候，媽媽會攔著，但也只能跟爸爸說好話，爸爸大部分時候是不聽的，媽媽沒辦法真正地保護她，只能事後安慰她，讓她盡量不要惹爸爸生氣，她不服氣：「憑什麼，他做得不對我就是要說。」她跟爸爸起最大衝突的倒不是爸爸打她的時候，而是爸爸打弟弟的時候，她會不顧一切地護著弟弟。她說：「我不想弟弟再遭受我這樣的創傷。」我勉強笑著回應她：「妳在家裡有時候倒挺像個鬥士的。」她不置可否。

　　她有她自己無法面對的困難，她在學校交不到朋友，她害怕回到學校。

　　休學期間，表面自得其樂的她，內心是無比焦慮的，她每天都要洗頭，有時一天洗兩次。她最喜歡洗澡，她覺得水從頭上澆下來的時候特別爽，她可以一洗洗一個小時，那是她最放鬆的時間。後期焦慮嚴重的時候，她無法控制地用手去抓頭皮，頭髮掉得很嚴重。

　　家人希望她隨便找個高職讀就好，但她不甘心，要知道，國小時她成績是非常優異的，最後竟然上高職，她如何能接受？但她想到上學就無比慌亂，擔心自己無法適應。她用「慌亂」來形容要上學的心情，她不知道該怎麼辦。她說：「我希望自己可以勇敢一點，遇到困難不要那麼害怕，能夠勇敢面對。」我跟她說：「不是的，我們很多人遇到困難都會害

怕，只是有人會因為害怕而逃避。」

　　復學之後，她很長一段時間沒來見我，倒數第二次見我是在會考前。她說：「我害怕考不好，怕連最爛的高中都考不上。」頓了頓，她深吸一口氣，彷彿鼓起很大的勇氣一般：「最害怕自己臨陣脫逃，連會考都不敢去參加。」我回她：「妳能說出自己的恐懼，就是面對的第一步。」「想到要會考我就很慌。」「是的，以妳之前的經歷，這個過程對妳來說真的很不容易，我欣賞妳從沒有真正放棄。」她笑笑，沒有說話。

　　最後一次見她，她特地來告訴我考完了會考，但是沒有考上理想的高中，只考上最普通的高中。停了一下，她笑笑說：「不過想著要上高中了，還是有點小興奮的，畢竟還有翻身的機會。」我讚賞地看著她：「能堅持考完會考，已經很不容易了。」

　　我想，她並不想要這個父母給她的「逃避寶貝」，很努力地在尋找新的方式和出路，而這個過程，是比想像中要艱難百倍的。

　　「出來混，遲早是要還的。」父母沒有完成的成長課程，子女可能會裹足不前，也可能需要花更大的力氣來拋棄父母原有的行為模式，重建自己的行為系統。這個過程艱險重重，稍有不慎就可能滑回原來的軌道，也可能隨時因為遇到困難而放棄。

　　你呢？還願意讓這個「逃避」的「寶貝」代代相傳嗎？

Story 34
拒學，是因為不努力嗎？

實事求是地說，這些孩子在外在的行動表現上看起來，完全沒有努力的痕跡，與他們父母著急想辦法的狀態形成鮮明的對比，焦慮的父母面對這樣的孩子，難免會抓狂的。孩子們的努力都展現在什麼地方呢？在心裡努力有意義嗎？我將孩子們的心理過程理解為：大部分的能量都消耗在自己跟自己的掙扎上，因此行動力差，這樣的努力，其實是「越努力，越徒勞」。

如果替拒學的孩子畫像，會是怎樣的呢？無精打采，手機不離手，日夜顛倒，哈欠連天……何止一個「頹廢」了得，看得人總想上去打兩巴掌，要把他們打得振作起來。

這樣的孩子會跟努力沾邊嗎？他們如果努力會放縱自己變成這樣自暴自棄、無可救藥嗎？

「廢物」、「沒希望」、「無可救藥」，是拒學孩子聽到最多的評價，誰會相信他們也在努力，相信他們並不願意如此自我放棄呢？

然而，大多數拒學的孩子，都曾經非常努力地投入學習，現在也努力地掙扎在自我掙扎的邊緣上。

我見過一個剛上國小一年級的 7 歲小男孩。每到上學的時候他就會大哭大鬧，有幾次甚至劇烈嘔吐，表情異常痛苦。然而只要待在家裡，他就彷彿放飛的小鳥一般，吃東西，玩遊戲，看電視，甚至一張紙都能

玩一整天,只要不提學習,他都是笑容滿面的。

父母很疑惑:「他這樣是想上學的樣子嗎?就是想在家裡玩,哪裡有半點在努力?」

帶著這樣的疑惑,我見到了這個孩子。

這是一個非常白淨秀氣的男孩子,剛進治療室的時候有些拘謹,低著頭不說話,不過他很快開始創作沙盤。跟很多7歲左右的孩子不同,他的沙盤創作顯然是經過深思熟慮的,有結構、有主題,他像一個小大人一般看起來胸有成竹。一開始他在沙盤中間堆起一個小島,在島上擺上精挑細選的建築物。島的四周環繞著一條河,他仔細地用手挖出河來,但一直不滿意河的形狀,一下覺得窄,一下又覺得形狀不好,要重新調整,反反覆覆,用小手仔細地挖。好不容易河修得滿意了,他又對島上的建築物不滿意,不斷調換位置,不斷換建築物的樣式,怎麼擺都不滿意。之後他又不斷新增沙具,拿了各式各樣的飛機擺在四周,拿了航空母艦擺在河裡。突然,他把精心擺了大半個小時的島拆了,把所有的沙具放了回去。他望著我說:「我要重新擺,這些都不要了。」

接著,他竭盡全力要將全部的沙子弄到一邊,將另一邊空出來,沙子很多,他力氣不太夠,只能一層一層地把沙子往另外一邊撥,剛撥上去一層,就有一些滑下來,他再撥上去,又滑下來。如此反覆,不厭其煩,後來他找到一把刷子,便更加努力,一點點把沙子往一邊推,又細細地掃,刷子帶下來一些沙子,他又把它們掃乾淨。最後,他發現掃沒什麼用,便用手慢慢趕,直到把所有看得見的沙子都趕到另一邊。沒有沙子的那邊露出天藍色的沙框底座,對比鮮明。他指著沙框告訴我:「這邊是陸地,這邊是海。」緊接著他在陸地上整整齊齊地擺上各種飛機,按照顏色、款式整齊擺放,同樣的擺在一排,擺了三四排。全部擺完之

Story 34　拒學，是因爲不努力嗎？

後，調整每架直升機螺旋槳的方向，保證它們都朝一個方向，一絲不苟。海裡也是一樣，航空母艦、潛艇、軍艦都一一擺好。擺完之後還從各個角度蹲下來看，瞄一瞄，保證是在同一直線上。整整一個多小時，他一直站著，不停地調換，終於告訴我：「我擺好了。」但是他仍然沒有坐下來，還是不停地瞄，細細地把「海裡」的沙子再吹一吹，清理乾淨。

我詢問他學校的情況，孩子滿臉開心：「喜歡上學啊。」我吃了一驚，這同家長跟我說的情況完全相反啊，這種情況倒還是第一次遇見，一般都認為小孩子是不會撒謊的，而且他滿臉認真地回答，令人信服。於是我繼續求證：「那在學校開心嗎？」「很開心啊。」我鍥而不捨：「那作業是不是很多呢？我聽其他小朋友說作業好多呢，也好難。」他一臉輕鬆：「沒有啊，我很快就做完了。」我表示讚嘆：「這麼厲害啊。」我不死心，繼續打聽：「那老師凶不凶呢？同學熱情嗎？好相處嗎？」他通通給予了正面回答：「老師不凶，我們導師也不凶。同學很好，我跟他們全都是好朋友。」我邊聽邊點頭，就差疑惑地問：「那你來我這裡是不是你爸爸媽媽搞錯了？找錯地方了？」然而他的確在認真地回答著我的問題，完全看不出言不由衷的神情。

後來，我明白了，他是希望給讓留下一個好的印象，表現自己什麼都能做好，什麼都很厲害。這是一個典型的完美主義的小孩，做事一絲不苟，認真仔細，甚至到了有些強迫症的程度。

他希望父母看一下他的沙盤，因為這是他精心創作的，他等著父母能夠給予肯定，甚至表揚一下他。爸爸看了他的沙盤之後不停地搖頭：「這個擺得太整齊了，他做事都是這樣的，這樣太累了。」我補充了一點：「這還不是最初的版本，我很少看到一個一年級的孩子能夠這麼有耐心，站了一個多小時，完全沒有喊累，總是不滿意，不斷調整。」爸爸這才談起自己的教育方式，他是一個非常焦慮的爸爸，非常在意細節，

平時只要發現孩子一點事情沒做好,都會忍不住嚴厲地責備。孩子的作業都是他輔導,每到寫作業的時間,家裡就會變得烏煙瘴氣、雞飛狗跳的。孩子很長一段時間,只要到寫作業的時間就緊張,拖延,不停上廁所。孩子竭盡全力做到最好,但爸爸似乎始終不太滿意,認為孩子不夠認真,不夠努力,完全比不上自己的勤奮上進。

很多孩子是不願意在父母面前表現自己的努力的,他們默默努力,期待某一天能被看見。

父母一般最害怕孩子什麼時候拒學?那就是決定人生命運的時刻——高三。

這個女孩正讀高三,學習狀態不佳,記憶力明顯下降,上課很難集中注意力,狀態最差的時候,基本一整天都在睡覺。她上課時睡覺,回到家繼續睡覺,儘管每天睡這麼多,還是精神困頓。父母問什麼都很少說話,一問到不開心的地方,她就丟下一句「你們不要逼我!」就立刻翻臉回房間,關上門繼續睡覺。

父母都小心翼翼地說話,只挑她喜歡的、聽了開心的話聊。但父母心裡著急得不得了:「都高三了,沒有目標怎麼行?要不要先休學呢?妳未來有什麼打算呢?將來是想做個穩定的工作還是創業呢?總要有個方向啊,每天這樣睡覺,別人都在努力學習,妳一點都不急怎麼行呢?」

心中的焦慮無法表達,父母快要憋出「病」來了。每次見到我,父母的問題就像洩洪的洪水奔湧而來:「你說,我們現在讓她做一些規劃和打算有錯嗎?時間不等人啊。」我無法做這樣的對錯判斷,無法回答這個問題。

孩子卻是另一番樣子,父母沒辦法自己去問,便透過各種方式,想讓我去問孩子的意見。某一次治療中,我嘗試著問了問孩子:「妳爸媽想

Story 34　拒學，是因為不努力嗎？

了解一下妳有沒有休學的打算。」讓我驚訝的是，此言一出，眼淚就立刻順著她的臉頰流了下來，她一直哭，無法說話。我滿心困惑，在我看來，這個問題似乎並沒有任何攻擊和責備的意味，只是單純想了解一下她的想法，如此的悲傷從何而來呢？稍微平靜一些之後，她抽泣著說：「我也不知道自己的想法究竟是什麼？我也不知道我要不要休學，現在讓我做任何決定，我都覺得非常焦慮。我只知道我讀書的時候，還能覺得自己有一點價值，不會那麼一無是處。」聽完她的表達，我愣了一下子，原來這個父母擔心會自暴自棄、放棄一切的孩子，將讀書看得如此之重，在讀書的時候才能感受到自己的一點價值，不會那麼厭惡自己。這個表面看起來無比頹廢的孩子，內心有激烈的掙扎，進退不得。她需要有一點空間，讓她能夠安靜思考，累積能量。

有些孩子甚至會每天告訴自己：「不能再這樣下去，這樣下去自己就廢了。」只是內心缺少力量的他們無法行動，只能任由焦慮和挫敗感包裹著自己，束手無策。

實事求是地講，這些孩子在外在的行動表現上看起來，完全沒有努力的痕跡，與他們父母著急想辦法的狀態形成鮮明的對比，焦慮的父母面對這樣的孩子，難免會抓狂的。孩子們的努力都展現在什麼地方呢？在心裡努力有意義嗎？我將孩子們的心理過程理解為：大部分的能量都消耗在自己跟自己的掙扎上，因此行動力差，這樣的努力，其實是「越努力，越徒勞」。

我見過一個 13 歲，來找我的時候已經在家裡待了大半年的孩子。起初他過著日夜顛倒，與遊戲為伴的生活，後來漸漸覺得遊戲也膩了。他很少跟家人交流，也幾乎不獨自外出。他有時候發呆，有時候睡覺，臉上沒有特別悲傷的情緒，也不發脾氣，除了偶爾提一點要求，基本上

不跟家人說話。他大部分時間都在睡覺，醒來玩喜歡的遊戲，困了繼續睡。他也從來不提上學的事情，不看書，不外出運動，不找朋友，連走路都是慢吞吞的，鞋跟在地上拖著，彷彿行屍走肉一般。每天過得渾渾噩噩。父母急得要命，打也打了，罵也罵了，無濟於事，拿他沒辦法。

跟他互動，你會不自覺地被他的消極和頹廢感染，彷彿一個小時的談話進行下來，自己的能量也在不知不覺間莫名其妙地消耗殆盡了。他在不停地內耗，一個人待著什麼都不做的時候，只要沒睡著，他的腦子都是在高速運轉，不停地想：「該怎麼辦？我上不了學，我害怕上學，我真是沒用。」只是，他從來不展示這一面給任何人看，他認同所有人對他的負面評價：「頹廢、懶、不孝、廢人」，他從不反駁，也不解釋。換句話說，他其實是將自己封閉起來，自己跟自己打架，打一場只輸不贏的架，越是不跟身邊的人表達，這場架就越是持久，這就是俗稱的「把自己繞進死巷中」。他們在激烈的內耗之後，只剩下無助和無力。

這不是指性格的內向和外向，而是個體對外界的信任程度，只有對外界足夠信任，才能夠從外界獲得能量，能夠透過與外界的互動去釐清內心情緒和想法，而不是在無盡的內耗中做無畏的「努力」。

家長需要理解這種「無謂的努力」，不能輕易指責孩子是「懶、頹廢」，過多的指責，會進一步封鎖孩子敞開心扉的動力，繼續原地踏步，自我消耗。

Story 35
拒學的孩子，是真的不想上學嗎？

按照成長階段，到了青春期，孩子就要逐漸為離家做準備，要走向更廣闊的社會，家庭也需要把孩子「往外推」，讓孩子在更廣闊的天地裡去歷練、成長。只是，很多家庭並不具備這樣的功能，家庭變成「溫柔鄉」、「溫開水」，讓孩子沉醉其中，無法自拔。這些孩子不是上不了學，是上學要面對各式各樣的壓力和挑戰，跟待在家裡不用付出就能享受的各種權利比起來，學校簡直就是「人間地獄」。

我見過很多上不了學的孩子，他們告訴我：「我真的想上學，想正常一點。」

一個13歲，休學一年的孩子，睜著大眼睛，真誠地跟我說：「我想去上學，我知道那樣我才有機會實現我的理想，我在學校也很開心，但只要我中午一回家，我就走不動了，我也想知道為什麼。」

有個孩子可以連續在學校待一週，但只要週末一回家，一休息，他想到上學就莫名心慌。每到週一，就是他找各種理由逃避上學的時候。他自己也很困惑，明明之前五天上學都沒問題，為何一個週末就讓一切都改變了呢？

是的，我發現大多數因為各式各樣的原因上不了學的孩子，內心希望自己跟其他孩子一樣正常生活，而不是整天在家無所事事，只能無聊打發時間。

他們是真的不想上學嗎？

不是。99％的孩子都還是希望自己能夠正常上學，走一條相對順利的人生道路的。他們想上，但因為種種原因上不了，由此引發了各種叛逆表現。

有的孩子完全逃避：一整天窩在家裡不敢出門，靠打遊戲、玩手機打發時間，感受不到一點生活的樂趣。有的孩子晝伏夜出，只有天黑了才會出去外面走走，買自己想買的東西。我認識一個休學的孩子，他買東西從來不會在附近買，明明樓下就有超商，他一定要繞幾條街，去大賣場買，因為樓下超商的店長認識他。他最討厭家裡有客人來，因為所謂的親戚長輩，一定會問東問西，拚命勸他去上學。有的孩子原本每天早晚都要去遛自己心愛的狗狗，現在也不遛了，任憑心愛的寵物在家裡憋得一直汪汪叫。更有甚者，完全日夜顛倒，明明醒著也不出房門，躺著床上側耳細聽，等到父母關門上班，才立刻從床上爬起來，找東西填肚子。下午猜想著爸媽快要下班回來，便收拾收拾回到自己的房間裝睡，以此來避免跟家人互動，避免聽到關於上學的談論。

所有這些精心設計的逃避策略，都是因為他們害怕被人看見，害怕被人問：「為什麼不上學？」當然，遇到過於「熱心」的長輩，被數落說教一番，講述努力讀書的重要性也是免不了的。

有個作家在高中時幾乎所有科目都不及格，國文考試寫到他認為達到及格線時，他就不繼續寫了。他曾經認為：「數學學到國中就好。」在獲得作文獎項後，還曾公開發表文章批評教育體制的荒謬。不久之後他就退學了，引起不少人的討論，甚至引起一些老師和家長的恐慌，擔心孩子會學他。

諷刺的是，這個叛逆少年卻在多年後表示，當時退學是一件很失敗

Story 35　拒學的孩子，是真的不想上學嗎？

的事情。這個曾經的叛逆青年成為「大叔」後，接受採訪時首次坦露他對退學事件的反思。他說：退學是一大失敗，代表我不能勝任這個挑戰，只能退出，這不值得學習。只有「學習」值得學習，這是一件不分地點環境，一輩子要做的事情。聽到有人得意洋洋地說學我退學，但我不理解退學有什麼好學的，我做得不好的地方有什麼好學的呢？為什麼不去學我做得好的地方呢？

當然，大部分拒學或者上不了學的孩子並沒有這個作家的才華和膽識，但這並不妨礙他們批判傳統教育，堅信不走讀書這條路，自己仍然可以取得成功。這個時代不一樣了，遍地都是機會，比如，做遊戲直播主、網路直播，或者自己創業，拍拍影片，吸引粉絲，都是出路。「每天學那麼多公式，你真的確定在你現在的生活中會用到嗎？」我常被他們問得啞口無言，被他們唾沫橫飛的辯論攻擊給打敗。

然而，有句話叫做「越反抗什麼，代表越在意什麼」。特別是在青春期這個叛逆的年齡，公開與教育制度的背離，他們心中的恐慌和不安可想而知。

我後來發現，這些離不開家的孩子，家對他們而言是有致命的吸引力的，幾乎滿足他們所有的心理需求。例如，玩遊戲打發時間獲得快樂，遊戲打贏了獲得成就感；在家裡不用遵守任何規則，完全是自己說的算；不用自己努力爭取，不用付出任何努力就能得到關心和無微不至的照顧；或者還應該加上跟父母鬥智鬥勇獲得勝利後的極大快感⋯⋯

所有的這一切，讓完成學業帶來的成就感，辛苦而麻煩的人際交往，煩人的數目繁多的學校規則都在對比之下變得面目可憎。

我前文提到的那個13歲的國一學生，在六年級時為了考進知名的私立學校，整整一年，父母幫他報滿了補習班。他除了應付學校的課程，

還要跟隨媽媽奔波於各個補習班，下半學年便是來回於各個學校考試，最終拿到了好幾個明星學校的錄取通知書，媽媽心中的一塊大石頭終於放了下來。接著，父母又擔心兒子從普通的國小到名校會不適應、跟不上，於是又幫孩子報名了銜接班。與其他孩子從小開始上補習班不同，因為成績一直不錯，六年級之前這個孩子並沒有上過補習班，更不用提一些高難度的課程。銜接班上了一週，他完全跟不上進度，甚至根本聽不懂老師講的內容，以往在學習上都是佼佼者的孩子，完全接受不了這樣的結果，導致自信心崩塌。他後來出現了憂鬱症狀，經常莫名哭泣，對任何事情都不感興趣，整天閉門不出，最終，名校也沒能去，休學在家。

父母完全慌了，尤其是媽媽，極度自責，在孩子面前都變得小心翼翼，生怕刺激他，漸漸地變得對孩子言聽計從。然而孩子還是不滿意，依然不斷挑媽媽的毛病：「有什麼就說，不要吞吞吐吐的。」「整天苦著一張臉，好像總是對我不滿意，到底要我怎麼樣！」不順心的時候，他就在家裡大發脾氣，砸東西、罵人，甚至動手打人都有過，誰勸都沒用，一定要等發洩完他才能平息下來。父母苦不堪言，到處求醫，孩子卻並不配合。父母找的心理治療師，他只見一兩次便不願意繼續去見。家人找的訓練班等等，他通通不願意去。他的情緒談不上好，也談不上壞，至少，對他自己而言，還是可以忍受的範圍。

一年的休學之後，他仍然沒辦法順利回到學校。下文說的是他的原話：「我想去上學，我知道那樣我才有機會實現我的理想，我在學校也很開心，但只要我中午一回家，我就動不了了，我也想知道為什麼。」他信誓旦旦，寫下承諾書：如果再不上學，就去輔導機構，如果輔導機構也待不下去，就自己去打工。就如大家所料，約定的時間過後，他還是沒辦法回校上學。無奈，父母將他送到輔導機構學習。第一天，他大哭

Story 35　拒學的孩子，是真的不想上學嗎？

大鬧，吵著要跟父母回家，結果，父母一走，他立刻變了一個人似的，成為最乖的孩子，遵守規則，所有的任務都完成得最出色。社工跟老師覺得很意外，對他讚賞有加。他在輔導機構裡待了一個月，情緒穩定，表現優秀。

國慶連假期間，父母將他接回家。回家第一天，他就對父母大發脾氣，父母不肯順著他。社工去家訪的時候還以為自己走錯地方，他跟在輔導機構裡的時候完全判若兩人。這下子，他連輔導機構也不願意去了，繼續賴在家裡，父母仍然束手無策。

我時常聽到父母感慨：「我們家的孩子，就適合讓別人來帶，別人來管，一面對我們，就什麼都不聽，完全是兩個人。」不過他們的孩子可不這麼想，家就像有種魔力，讓這些孩子離不開。

離不了家，所以上不了學。

按照成長階段，到了青春期，孩子就要逐漸為離家做準備，要走向更廣闊的社會，家庭也需要把孩子「往外推」，讓孩子在更廣闊的天地裡去歷練、成長。只是，很多家庭並不具備這樣的功能，家庭變成「溫柔鄉」、「溫開水」，讓孩子沉醉其中，無法自拔。這些孩子不是上不了學，是上學要面對各式各樣的壓力和挑戰，跟待在家裡不用付出就能享受的各種權利比起來，學校簡直就是「人間地獄」。家庭教育應當是為孩子的社會教育打下基礎的，父母寄希望於學校或者讓其他人搞定自己的孩子，教好自己的孩子是完全不切實際的。

Story 36
只對學習有要求，最易拒學

「只要你好好讀書，其他的你什麼都不用管」，潛臺詞便是其他的都不重要，都不值得一提。家長可能認為這是「集中力量做大事」，然而，在學校教育已經是「唯成績為尊」的前提下，家庭再進一步強化這一觀念，從經濟學的角度講，這就是「把所有雞蛋都放在一個籃子裡」，一旦摔到這個籃子，帶來的打擊便是毀滅性的。

「好好讀書，將來有個好工作！」這是許多孩子聽見父母最常說的一句話。

中國、日本、韓國的青少年研究單位聯合做了一個針對各國國小生生活習慣的調查。東京國小生父母最常說的是「早點睡」（45.9%）；相對的，有55.2%的北京國小生最常聽見的是這句話：「好好讀書，將來有個好工作！」；而首爾國小生的父母最常說的則是「該讀書了」（47.8%）。

三個國家均深受儒家文化的影響，入學考試競爭也都非常激烈，但北京國小生的父母們經常將學習與前途掛鉤，而東京、首爾的父母們更多關注學習行為本身。

社會文化從國小起就影響了孩子的自我期待和角色意識。79.9%的北京國小生想成為學習好的人，一半以上希望自己有音樂、繪畫等專長，甚至在朋友選擇上也表現出更喜歡學習好的同學。但是，東京和首爾國小生更傾向於選擇有趣的朋友。

Story 36　只對學習有要求，最易拒學

　　讀書在孩子生活中極其重要，我曾聽過孩子說：「成績好的同學就是什麼都好。」這個金光燦燦的光環，伴隨著擁有它的孩子一路不費吹灰之力地過關斬將。與此同時，不斷挫敗著成績不好的孩子的自尊心，讓他們無地自容，舉步維艱。

　　最怕的是這個光環某一天突然消失。

　　這個孩子一進治療室就一直在跟我控訴爸爸怎麼不好，怎麼一直嚴格要求她的成績，她現在得了憂鬱症，爸爸還是堅定地相信她沒有問題，只是不夠堅強，不願意面對問題，天天跟她講一堆大道理，要她回去上學。「我現在聽到他的聲音就煩。」在家裡她完全不跟爸爸說話，一整天將自己關在房間裡，手機不離手，誰要拿她的手機，她是可以拚命的。我聽下來，以為爸爸是個脾氣暴躁，不近人情，也不疼愛她的無情之人，結果媽媽卻告訴我，家裡最寵孩子的就是爸爸，基本上有求必應，無原則地滿足孩子，有時候我看不下去說幾句，爸爸還不耐煩：「孩子讀書那麼辛苦，你還對她要求那麼多！」在家裡，沒有規則，只要孩子說的就是對的。

　　考試考了99分，她也是不敢回家的，因為爸爸會大罵：「這麼簡單的題目還拿不到滿分！國小成績就這麼不好，上了國中怎麼辦！」要是成績更差一點，大概就要挨打了。父母在生活上把她照顧得無微不至，沒有規則和原則，幾乎有求必應。「妳只要好好讀書，其他都不用管。」提了要求，父母不答應，只要稍微撇一下嘴，父母便立刻改變主意，無條件滿足。這完全是「冰火兩重天」。

　　這樣矛盾的教育方式，形成她一方面唯我獨尊，另一方面又極度自卑的性格，在人際關係上屢屢碰壁。

　　很多父母常會隨口說：「你現在不好好讀書，將來就只能去當清潔

工,就只能去撿垃圾。」轉頭想想,又補充說:「像你這樣,連撿垃圾都沒人要你。」誓要將孩子的未來描繪得極盡黯淡,恐嚇到底。職業是五花八門的,沒有家長認為孩子會把這話當真,他們心裡清楚就算孩子成績不好,也不會找不到工作,只是找不到好工作而已,為了激勵孩子,只能把後果說得嚴重一點。結果,到了孩子那裡,無一例外都變成:我考不上好的大學我就沒有出路了。因此,他們變得絕望,想要放棄和逃避。拒學就是最直接的逃避方式,無法在學業上取得成功,便索性放棄。

「只要你好好讀書,其他的你什麼都不用管」,潛臺詞便是其他的都不重要,都不值得一提。家長可能認為這是「集中力量做大事」,然而,在學校教育已經是「唯成績為尊」的前提下,家庭再進一步強化這一觀念,從經濟學的角度講,這就是「把所有雞蛋都放在一個籃子裡」,一旦摔到這個籃子,帶來的打擊便是毀滅性的。

孩子的成長不僅需要成績,還需要與人溝通、協調資源的能力,以及抵抗挫折的能力。

一個家長對我說:「在目前的社會背景下,要求家長完全不在意成績,基本上是不可能的。家長為什麼有這個壓力?首先孩子考完試,學校肯定會發成績單,假如孩子成績明顯下滑,老師肯定會提醒家長,身為家長就有了無形的壓力。我們其實也希望孩子可以輕鬆一點,但現實不允許。」這個家長為了證明她的努力,舉了個例子:「有一次我參加家長會,孩子成績退步很多,被老師點名,我當時恨不得有個地洞鑽進去。回來的路上,我一直告訴自己,千萬不要發火,不要發火,我真的很努力在壓抑自己的情緒。但是沒用,一踏進社區門口,我的憤怒就壓不住了,一進家門,我就罵了我女兒一頓。事後我也很後悔,但當時就

Story 36　只對學習有要求，最易拒學

是忍不住。」我對這個媽媽說：「妳一路上所做的就是壓抑自己的情緒，並不是真的能接受孩子沒考好這件事，妳很憤怒，是因為孩子讓妳丟了臉。」她沒有回答，有時候我們也很難分清楚，是因為孩子的成績生氣，還是因為孩子不優秀，讓家長丟臉而生氣。

我並非刻意忽略成績和學習的重要性。我一直呼籲至少讓孩子體驗一下他們在讀書跟成績以外的價值。這並不是說要讓孩子報很多課外輔導班、才藝班，不斷跟其他孩子比較誰的專長多。價值的展現和實現，是可以透過很小的事情來達到的。

有一個媽媽跟我分享過她的故事，很觸動我。她談到，她小時候學習成績很普通，家裡經濟狀況也很普通，每到農忙季節，稍大一點的孩子都要到田裡幫忙。在廣闊的農田裡，她終於找到了自己能力的施展之地：割稻。至今，她都記得爺爺帶著慈祥的笑，誇獎她稻穀割得又快又好，足以替代一個大人，說家裡人手不夠，還好有她分擔。她抬頭挺胸聽著，那一刻的驕傲和自豪，成為她日後做很多事情鼓勵自己的信心來源。現在的孩子很多都是「嬌生慣養」，家事、煮飯、洗衣都有專人伺候，孩子只要專心讀書就好。這是很多家長在童年時嚮往的生活，他們希望自己可以專注課業，考更好的學校，說不定現在就能生活得更好，而這樣的理想，只能實現在孩子身上。於是，當孩子成績不好時，父母便理所當然地抱怨起來：「你看你現在每天什麼都不用做，只要讀書，你看你這樣還學不好。我以前要是有你這樣的條件……」考試成績並非跟投入的時間成正比，智力、學習方法、心態甚至運氣，這些因素都至關重要。客觀而言，一部分孩子，因為各方面原因的限制，並不善於學習。

「你只管讀書，別的你什麼也不用做。」這是一句非常可怕的話，緊

接而來就可能是:「你每天只讀書都讀不好,你怎麼這麼笨!」加之其他方面能力的欠缺,由此帶來的是孩子自我價值感的全面崩塌。

並不是越重視學習,孩子就越不會拒學。恰恰相反,過度地重視,只在乎學習,也是很多孩子拒學的原因之一。

是否,可以偶爾讓孩子看看外面的世界,擁有更多的價值支撐呢?

課堂之外，翹課背後！打破孩子拒學的沉默：

80 個深度剖析案例 ×36 種心理引導技巧，幫助孩子重返學習軌道

作　　　者：韋志中，周治瓊
責 任 編 輯：高惠娟
發　行　人：黃振庭
出　版　者：崧燁文化事業有限公司
發　行　者：崧燁文化事業有限公司
E-mail：sonbookservice@gmail.com
粉　絲　頁：https://www.facebook.com/sonbookss/
網　　　址：https://sonbook.net/
地　　　址：台北市中正區重慶南路一段 61 號 8 樓
8F., No.61, Sec. 1, Chongqing S. Rd., Zhongzheng Dist., Taipei City 100, Taiwan

電　　　話：(02)2370-3310
傳　　　真：(02)2388-1990
印　　　刷：京峯數位服務有限公司
律 師 顧 問：廣華律師事務所 張珮琦律師

-版權聲明-
本書版權為樂律文化所有授權崧燁文化事業有限公司獨家發行電子書及紙本書。若有其他相關權利及授權需求請與本公司聯繫。
未經書面許可，不得複製、發行。

定　　　價：350 元
發 行 日 期：2024 年 09 月第一版
◎本書以 POD 印製

國家圖書館出版品預行編目資料

課堂之外，翹課背後！打破孩子拒學的沉默：80 個深度剖析案例 ×36 種心理引導技巧，幫助孩子重返學習軌道 / 韋志中，周治瓊 著 . -- 第一版 . -- 臺北市：崧燁文化事業有限公司 , 2024.09
面； 公分
POD 版
ISBN 978-626-394-852-5(平裝)
1.CST: 學習心理 2.CST: 兒童心理學 3.CST: 個案研究
173.1　　113013080

電子書購買

爽讀 APP

臉書